A CULINÁRIA BAIANA NO RESTAURANTE DO SENAC PELOURINHO

ADMINISTRAÇÃO REGIONAL DO SENAC NO ESTADO DE SÃO PAULO
Presidente do Conselho Regional: Abram Szajman
Diretor do Departamento Regional: Luiz Francisco de A. Salgado
Superintendente Universitário e de Desenvolvimento: Luiz Carlos Dourado

EDITORA SENAC SÃO PAULO
Conselho Editorial: Luiz Francisco de A. Salgado
　　　　　　　　　Luiz Carlos Dourado
　　　　　　　　　Darcio Sayad Maia
　　　　　　　　　Lucila Mara Sbrana Sciotti
　　　　　　　　　Luís Américo Tousi Botelho

Gerente/Publisher: Luís Américo Tousi Botelho
Coordenação Editorial: Verônica Pirani de Oliveira
Prospecção: Andreza Fernandes dos Passos de Paula, Dolores Crisci Manzano, Paloma Marques Santos
Administrativo: Marina P. Alves
Comercial: Aldair Novais Pereira
Comunicação e Eventos: Tania Mayumi Doyama Natal

Coordenação de Revisão de Texto e Preparação de Texto: Marcelo Nardeli
Versão em Inglês: Christopher Peterson e Eloise De Vylder
Revisão de Texto: Karen Daikuzono
Projeto Gráfico, Capa e Editoração Eletrônica: Antonio Carlos De Angelis
Impressão e Acabamento: Coan

ADMINISTRAÇÃO REGIONAL DO SENAC NA BAHIA
Presidente do Conselho Regional do Senac na Bahia: Kelsor Gonçalves Fernandes
Diretora Regional do Senac na Bahia: Marina Vianna Alves de Almeida

Coordenação Editorial: Raul Lody, Glória Feitosa e Alice Santiago
Texto: Raul Lody
Fotografia: Marisa Vianna
Assistente de Fotografia: Paulo Lima
Cenografia: Maurício Martins
Assistente de Cenografia: Priscila Felipe

Gerência Senac Pelourinho: Misael Beirão e Mylene Carvalho

Restaurante: Ana Carla Pereira, José Barreto, Mariana Braga e Nelson Rodrigues
Cozinha: Jacqueline Bomfim, Tiago Almeida, Djenal Santos e Euzimar Reis
Apoio Operacional: Fabiano Carvalho
Locações: Igreja e Convento de São Francisco, Empresa Mehlen Construções Ltda., Catedral Basílica do Santíssimo São Salvador, Ipac, Iphan, Centro Cultural Solar do Ferrão e Ordem Terceira Secular de São Francisco da Bahia
Acervos Colaboradores: Boca de Cena, Licia Pereira Reis, Ricardo Pitanga, Marlene Alvares da Silva e Francisca Ribeiro dos Santos

Agradecimentos
Aos profissionais que fazem parte do Restaurante-Escola do Senac Pelourinho e que trabalharam ativamente para fazer este livro acontecer.

Dados Internacionais de Catalogação na Publicação (CIP)
(Simone M. P. Vieira – CRB 8ª/4771)

A culinária baiana no restaurante do Senac Pelourinho / organização de Alice Santiago, Glória Feitosa e Raul Lody. - São Paulo : Editora Senac São Paulo, 2023 . (A formação da culinária brasileira)

Nota: Edição bilíngue: Português-Inglês
Título e coleção originalmente publicados pelo Departamento Nacional do Serviço Nacional de Aprendizagem Comercial – Senac.
Bibliografia.
ISBN 978-85-396-5056-9 (Impresso/2023)

1. Culinária baiana   2. Gastronomia   3. Gastronomia regional
4. Pratos típicos   5. Cultura gastronômica I. Santiago, Alice.
II. Feitosa, Glória III. Lody, Raul.

23-1967g　　　　　　　　　　　　CDD - 641.59581
　　　　　　　　　　　　　　　　　　　　641.5
　　　　　　　　　　　　　　　BISAC CKB029000
　　　　　　　　　　　　　　　　　　CKB101000

Índice para catálogo sistemático
1. Culinária baiana   641.59581
2. Culinária : Receitas   641.5

Proibida a reprodução sem autorização expressa.
Todos os direitos desta edição reservados à

Editora Senac São Paulo
Av. Engenheiro Eusébio Stevaux, 823 – Prédio Editora
Jurubatuba – CEP 04696-000 – São Paulo – SP
Tel. (11) 2187-4450
editora@sp.senac.br
https://www.editorasenacsp.com.br

© Editora Senac São Paulo, 2023

A CULINÁRIA BAIANA

NO RESTAURANTE DO SENAC PELOURINHO

ORGANIZADORES
ALICE SANTIAGO, GLÓRIA FEITOSA E RAUL LODY

SUMÁRIO

7 | APRESENTAÇÃO

13 | O PATRIMÔNIO ALIMENTAR DA BAHIA E SUAS COZINHAS MULTICULTURAIS | RAUL LODY

22 | MUSEU DA GASTRONOMIA BAIANA

27 | PRATOS SALGADOS

95 | PRATOS DOCES

149 | BEBIDAS

154 | BIBLIOGRAFIA

155 | ÍNDICE DE RECEITAS

157 | ENGLISH TRANSLATION
BAHIAN CUISINE AT SENAC PELOURINHO

[Detalhe da Igreja de São Francisco]

[Casarões do Senac Pelourinho]

APRESENTAÇÃO

A Bahia se conhece pela boca! A Bahia do acarajé, do abará, do dendê. A Bahia da grande aventura multicultural no Brasil, do saboroso caldo de culturas que encanta turistas de todo o mundo e promove o desenvolvimento econômico e social do estado.

E o Senac conhece bem a importância da culinária baiana – e dos bens culturais em geral, tangíveis e intangíveis – como fator de desenvolvimento do estado: em terras baianas desde 1947, o Senac sempre buscou valorizar as ocupações dos diversos segmentos da cadeia produtiva da gastronomia e do turismo, cujos profissionais viabilizam, no seu dia a dia, o acesso de visitantes e turistas aos bens identitários da Bahia. São agentes e guias de turismo, cozinheiros, garçons, gerentes de hotel, motoristas de táxi, barraqueiros, baianas de tabuleiro, entre outros profissionais das áreas de gastronomia, meios de hospedagem e receptivo.

Vale destacar nessa linha de atuação, que conjuga salvaguarda do patrimônio cultural e promoção do turismo, a iniciativa pioneira do Sistema Fecomercio/Sesc/Senac da Bahia de adquirir e restaurar quatro casarões coloniais do século XIX, situados no Largo do Pelourinho, para neles instalar, em 1974, o Centro de Educação em Hotelaria e Turismo. O conjunto dos casarões (nos 15, 17 e 19 da Praça José de Alencar, Largo do Pelourinho) está no mesmo sítio do antigo Castelo de Santa Catarina e das Portas do Carmo, e vizinho à Igreja do Rosário dos Pretos, cuja construção foi concluída em 1781. Possivelmente, os prédios estão no local do Quartel da Guarda, antiga fortificação de Salvador. As casas nos 17 e 19 abrigaram, no século XX, importantes organizações culturais, como a academia de capoeira do Mestre Pastinha e a sede do afoxé Filhos de Gandhy. A casa nº 19 faz parte do conjunto arquitetônico do Largo do Pelourinho, registrado como Patrimônio Nacional pelo Iphan e Patrimônio da Humanidade pela Unesco.

No Centro de Educação em Hotelaria e Turismo do Senac está instalado, desde a sua inauguração, um restaurante-escola aberto ao público e dedicado exclusivamente à culinária regional, com um bufê de 40 pratos tradicionais e 20 variedades de sobremesa da mesa baiana. O Centro de Educação Profissional, conhecido como Senac Pelourinho, é amplamente considerado uma referência da cozinha baiana, concepção corroborada a partir da inauguração no local, em 2006, do Museu da Gastronomia Baiana.

O museu é um projeto pioneiro no Brasil e apresenta a comida em diferentes contextos sociais e culturais, destacando seu valor patrimonial. Abrange uma exposição de longa duração, que situa o visitante nos temas históricos, culturais e sociais formadores dos sistemas alimentares da Bahia. Integram-se nesse espaço museográfico as muralhas de Santa Catarina (século XVII), testemunhas da história da cidade de São Salvador. O museu se estende ainda ao Restaurante-Escola do Senac, que proporciona experiências gastronômicas no seu amplo cardápio de pratos do Recôncavo e do sertão. Dessa forma, o Museu da Gastronomia Baiana abrange a culinária desde o conhecimento dos ingredientes, das tecnologias de preparo, dos utensílios, das maneiras de servir e dos rituais de comer até a experiência sensorial concreta da refeição típica do restaurante.

Em paralelo, funciona a Galeria Nelson Daiha – Art-Food, para exposições dedicadas a mostras temporárias do museu.

Integrando o circuito, está o Café & Chocolate, lugar para saborear um cafezinho, conhecer os livros das editoras do Senac sobre a culinária brasileira e apreciar doces tradicionais da Bahia. Agregada ao museu, está a Sala São Salvador, criada para manter, conservar e expor os objetos do antigo Museu das Portas do Carmo, que fica no local do atual Museu da Gastronomia Baiana.

Da mesma forma que o visitante passeia pelas influências étnicas e culturais da Bahia por meio dos espaços desse pioneiro museu, o livro *A culinária baiana no restaurante do Senac Pelourinho* leva o leitor a experimentar os gostos, os sabores e as tradições da mesa baiana.

A primeira versão da obra foi lançada em 1999 como parte da coleção "A formação da culinária brasileira", hoje com 13 títulos publicados e diversos prêmios nacionais e internacionais. Essa iniciativa editorial se inscreve no amplo escopo das ações educacionais do Senac, e busca valorizar a culinária nacional como uma das mais notáveis expressões culturais de um povo, como recomenda a Unesco. Por essa razão, o Senac preserva e registra as culinárias regionais no âmbito do patrimônio cultural, e não como simples receituário. Em outras palavras, a formação social e cultural do brasileiro pode ser entendida pelo que se come, como se come, quando se come e, até mesmo, com quem se come. Ademais, a valorização das culinárias regionais é um instrumento valioso como atrativo turístico e, por consequência, fator de desenvolvimento sustentável e melhoria de qualidade de vida.

Nesta edição de *A culinária baiana no restaurante do Senac Pelourinho,* contamos com a colaboração do antropólogo Raul Lody, hoje curador do Museu da Gastronomia Baiana. Lody é renomado pesquisador em antropologia da alimentação e estudioso de temas afrodiaspóricos.

No ensaio introdutório da obra, o antropólogo destaca a diversidade e a riqueza da culinária baiana, refletidas não apenas na pluralidade de ingredientes ou nas várias formas de servir e de comer, mas também na estética e na cultura que temperam os hábitos alimentares e a história do povo baiano. À mesa baiana, pratos moídos, misturados, comidas moles, "herança dos cardápios de subsistência de matrizes africanas".

Para registrar toda essa riqueza gastronômica, uma seleção expressiva de receitas foi elaborada pela equipe de professores e alunos do Restaurante-Escola do Senac, que cuidaram também, com igual entusiasmo, da produção dos pratos apresentados na obra.

As fotografias de Marisa Vianna, nesta edição, seduzem o leitor de pronto não só pelo belíssimo visual: magicamente, as imagens nos fazem sentir os aromas e os sabores das iguarias baianas saídas do fogão do restaurante Senac Pelourinho.

O resultado de tanta arte e engenho já foi consagrado por edições anteriores do livro e dois prêmios da Associação Brasileira de Comunicação Empresarial (Aberj). Agora é com você, caro leitor.

Bom apetite. *Axé.*

[Dia do Caboclo]

[Detalhes da Igreja de São Francisco]

O PATRIMÔNIO ALIMENTAR DA BAHIA E SUAS COZINHAS MULTICULTURAIS

Raul Lody

A cozinha baiana é plural, rica e variada. Ela reúne diferentes culturas e povos que expressam suas identidades por meio dos ingredientes, das receitas e dos rituais sociais do fazer e do oferecer comida. Os gostos, os cheiros e as cores também trazem as memórias e as referências históricas, que são interpretadas, transformadas e misturadas como os alimentos que fazem e dão o caráter dessa mesa, que é africana, europeia, asiática, latino-americana – reveladora dos povos originários do nosso território.

As cozinhas da Bahia são marcadas pelo dendê, pela pimenta-da-costa e pimenta-do-reino, pelas frutas da Índia e da Indonésia, pelos doces de gemas dos conventos (e por muito açúcar da cana-de-açúcar), pelas caldas perfumadas de cravo e canela, pelos licores, refrescos, batidas e sorvetes de sabores tropicais, que se juntaram para formar o estilo baiano de comer.

As receitas baianas também trazem o mundo ibérico, em destaque, Portugal, que se aclimatou às farinhas de mandioca, aos beijus – alguns molhados no coco e servidos em folhas de bananeira –, às massas de carimã, entre outras.

A cozinha é um amplo e generoso lugar social e econômico, que identifica biomas, culturas, indivíduos e momentos históricos, revelando formas tradicionais e criativas de conceber hábitos alimentares e diferentes cardápios do dia a dia, das festas e da religiosidade. Aquilo que se come não está separado do som, do gesto, da cor, das formas, da arquitetura, dos objetos, da estética, do sagrado, que compõem o *ethos* do povo baiano e reforça sua identidade.

A comida baiana é para se comer com os olhos, para se comer de mão, para se lambuzar os dedos nos molhos, para se dourar a boca com o azeite de dendê, e assim se permitir viver os sabores.

Há, ainda, as misturas de fé, de devoções religiosas, que acontecem no cotidiano e especialmente nas festas. Festas nas casas, nos terreiros, nos entornos dos templos, das praças, dos adros, das ruas – as conhecidas festas de largo.

As tradições culturais da Bahia juntam os santos católicos com os diferentes deuses africanos – orixás, voduns, inquices –, para expressar ancestralidade, identidade, lugar social e, em especial, as cozinhas sagradas. Essas cozinhas são verdadeiros espaços memoriais de sabedoria e recuperação de receitas de diferentes povos africanos, que, por meio da alimentação, vivem ações afirmativas de pertencimento e alteridade. Desse modo, muitas receitas foram preservadas e estão nas casas, nas feiras e mercados, nos restaurantes – e, notadamente, nos espaços sagrados dos terreiros.

As festas celebram momentos especiais de alimentação coletiva, em que ao redor de um cardápio ou comida-símbolo são estabelecidos ou reforçados os laços sociais. Assim comemoram-se os santos Cosme e Damião, com o *caruru de Cosme*, *caruru-dos-meninos* ou *caruru de ibejis*. Para santo Antônio, realizam-se as trezenas com ladainhas cantadas em latim, e depois da reza são oferecidos *licor de jenipapo*, *mungunzá* e *arroz-doce*. No Natal, as tradicionais *fatias de parida*, *fatias douradas* ou *rabanadas* fazem a comemoração. Já no candomblé nagô, o calendário litúrgico é nominado pelas comidas rituais, como *acarajé de Iansã*, *feijão de Ogum*, *ipeté de Oxum*, *pilão* ou *inhame de Oxaguiã*, *amalá de Xangô*, *ebô de Oxalufã*. Além disso, o *ajeum* é o oferecimento farto de comidas à base de milho, feijão, farinha, quiabo, dendê e carnes de ovinos, caprinos e de diferentes aves para o público participante dessas festas.

> Toda prata me fascina.
> Todo o Marfim africano.
> Todas as sedas da China.
> (Olavo Bilac)

Tão formosa quanto a mesa baiana é a própria vestimenta da baiana do acarajé. Exemplo do que acontece com os alimentos vindos de diferentes culturas, a roupa é também reunião de motivos europeus e africanos, com destaque para marca muçulmana. A formação da roupa reúne: saia à europeia, bata e turbante à muçulmana e joalheria (colares, pulseiras, brincos e anéis) de bases ibérica e africana. As *vendas* ou *ganhos* dos séculos XVIII e XIX são revividos diariamente nos tabuleiros com essas roupas, nos pontos sacralizados pelo cheiro do dendê fervente, cenários dos acarajés, abarás, cocadas e outras delícias desses encontros.

As baianas do acarajé cultivam fregueses e admiradores que religiosamente vão celebrar o sabor do dendê em manjares quase divinos. Para os pratos que necessitam de muita habilidade,

[Festa de Santa Bárbara]

muito saber e, principalmente, vocação, como dizem os baianos, é preciso "mão de cozinha".

A cozinha baiana reúne diferentes técnicas culinárias que determinam sabores e identidades gastronômicas. Assim, as tecnologias artesanais de descascar, ralar, pilar, peneirar, defumar, moer, demolhar, cozinhar, fritar e embalar em folhas são algumas dessas ações que dão aos alimentos diferentes texturas, sabores e consistências.

A estética da cozinha baiana é pontuada pelas características dos biomas do estado: Mata Atlântica, manguezal, caatinga e cerrado. Nesses cenários imperam o dendê, o leite de coco em moquecas, o arroz de coco, camarões, feijões, farinhas, carne-seca e carne de sol, pirão de leite, queijos, ensopados, buchadas, escaldados, rapadura, meninico, efó, frigideiras, xinxim, mingaus, bolos, pamonhas, frutas em calda, entre tantas outras delícias de se ver e para comer.

Se for pirão de água pura,
Não me chame prá comê;
Que eu morro e não me acostumo
Com esse tal de massapê; [...]
(Poesia popular)

No Brasil Colônia, a base da alimentação da população africana em condição escrava era habitualmente num carapetal – saco para conter milho e farinha de mandioca –; também havia o afunge, um tipo de angu; e o matete, um tipo de sopa (ambos eram feitos com farinha de milho). Além disso, feijão e aguardente sempre foram comuns na alimentação dos africanos escravizados no Brasil.

Das chamadas "comidas moles", fazem parte o pirão, o mingau, o vatapá, o ipeté, o bobó e a jacuba.

Não há sermão sem Santo Agostinho,
nem panela sem toucinho.
(Provérbio português)

[Festa de Nossa Senhora do Rosário]

O toucinho, quando acrescido nas papas (mingaus salgados), é servido com molhos apimentados. O toucinho é a *graxa*, dando uma graça às carnes, hortaliças e aves em combinações com o dendê.

A alma da cozinha baiana é consagrada aos condimentos. Pimenta para destacar sabores, fazer a boca arder e a alma sonhar. As pimentas chegam da África, de Portugal, do Oriente, e há também as frescas, vermelhas, verdes, amarelas e nativas.

"Comida quente ou comida fria", isto é, com ou sem pimenta. Muitas pimentas em variedade e maneiras de preparar os molhos.

Pimentinha refere-se à malagueta, mais picante. *Pimenta-de-cheiro*, mais suave. Há outra, popularmente chamada de *dedo-de-moça*. Além dessas, *cumari*, *ataré* ou *pimenta-da-costa* e *pimenta-da-guiné*, conhecida em Angola como gindungo do Congo e, no Brasil, como *pimenta-do-mato* ou do *pimenta-do-sertão*. Também a pimenta verdadeira, da Índia, conhecida como *pimenta-preta*, a *pimenta-do-reino*. Esta foi a primeira a ser conhecida na Europa, e era trocada por moedas de ouro pelo mesmo peso.

Outro símbolo da cozinha baiana é o dendê na forma de azeite. O dendezeiro é um monumento às culturas africanas no Brasil. É uma árvore sagrada da qual tudo se aproveita. Simboliza Ogum, orixá-herói, civilizador dos iorubá.

O dendezeiro (*Elaeis guineensis* Jacq.) chega da África no século XVII com diferentes nomes: dedem, *ade-koi*, *aderjan*, *adobobe*, *de yá-yá*, *de kla*, *de chakun*, *fade*, *kissede*, azeite de cheiro ou simplesmente azeite. Na Bahia, *comidas de azeite* são aquelas feitas com dendê.

Dendê para comer e dendê para beber. *Vinho de palma*, *malafu*, *sura* ou *emu*, bebida fermentada que, até o início do século XX, era encontrada nas vendas de rua, nos tabuleiros de algumas quituteiras das ruas de Salvador.

A produção de dendê ocorre quase exclusivamente nos países em desenvolvimento. No Brasil, em 2021, foram produzidas mais de 2,8 milhões de toneladas, cuja maior parte é destinada ao fabrico de margarinas e cosméticos, e também para a indústria de folha de flandres. O restante é usado na alimentação.

A linha feminina é Carimá
Muqueca, pititinga, caruru,
Mingau de puba, vinho de caju
Pisado num pilão de Pirajá.
(Gregório de Matos)

Esses versos de Gregório de Matos valem como um importante registro etnográfico que situa os afazeres da mulher, soberana na cozinha, espaço-útero da casa. A cozinha tradicional baiana é um espaço de poder da mulher. Ela é a guardiã das memórias, das receitas, dos modos de fazer, de oferecer e de apreciar a alegria de quem come. É o caso das iabassês, mulheres que cozinham para os orixás e que preparam verdadeiros banquetes que são servidos ao público ao término das festas religiosas. O domínio feminino está também marcado nos tabuleiros e nas cozinhas das casas, das feiras, dos mercados e dos restaurantes.

A senhora dona de casa é boa de dar
Garrafa de vinho
Doce de araçá.
(Cantiga de terno pastoril da Bahia)

[Carnaval e festa junina]

Na trajetória da cozinha baiana, a doçaria é a real herança de Portugal. Essa herança se amplia, se adapta e se transforma por meio de novos ingredientes nativos, da terra.

Na Bahia, as criações tropicais convivem com receituários centenários, vindos do além-mar das tradições dos conventos medievais, da doçaria popular ibérica e da ampla relação entre Portugal e Ásia.

> No século XIV já muito se saboreava em Portugal – além de outros doces, açúcares e confeitos vendidos em boticas – alféloa, de origem árabe. [...]
> Pode-se afirmar que, talvez por influência árabe reforçada pelo contato com os trópicos orientais, a cozinha portuguesa que se transmitiu ao Brasil foi uma cozinha muito chegada ao açúcar; [...] foi, desde os inícios dessa transmissão de valores, uma doçaria ou confeitaria açucaradíssima.
> (Gilberto Freyre, em Açúcar: uma sociologia do doce, com receitas de bolos e doces do Nordeste do Brasil)

O contato com os sabores doces do Brasil já se dava com a variedade de frutas nativas e com o mel das abelhas, delícias muito apreciadas pelos indígenas e africanos.

O conceito de doce é ampliado simbolicamente em nossa cultura popular como referência de afetividade e amorosidade. Nas tradições orais, ouve-se que determinada pessoa é "um doce", "um doce de coco", "um quindim"... E por aí seguem-se outras rotulações que relacionam o doce à bondade.

Os doces comparecem nas mesas, nas bancas e nos tabuleiros dos vendedores ambulantes, sendo sobremesa, merenda, ceia ou distintivos de festas de santos e de homens.

Na doce mesa baiana, há tanto alimentos ungidos pelo dendê quanto alimentos com açúcar. Temos alféloa, amigueiro, ambrosia, bolinho de estudante, beijo de jenipapo, bolinho de goma, bolo de aipim, baba de moça, aponom, bembém, busca-marido, espera-marido, brevidade, cocada de mamão, cocada de abacaxi, cocada de amendoim, cocada de araçá, doce de tamarindo, lelê de milho, acaçá de leite, pamonha de milho, entre muitas outras delícias. Assim, tão açucaradas, tão de Portugal, tão afro-islâmicas, tão da Bahia, uma Bahia barroca que se expõe em seus doces, em sua maneira de mostrar e traduzir conceitos de beleza e do paladar.

O que e como se come evidencia comensalidade, revela rituais de apreciação à mesa. Dessa maneira, vão se estabelecendo civilizações, formando-se identidades e laços sociais em torno da comida, das bebidas, gerando referências várias que culminam no sentimento de pertença e de encontro no momento diante de um prato.

Plural, multicultural, multiétnica, diversa e, ainda assim, única. A cozinha baiana é um retrato vivo de histórias e emoções, repleta de paladares inesquecíveis.

[Detalhe da Igreja de São Francisco]

[Azulejos da Igreja de São Francisco]

MUSEU DA GASTRONOMIA BAIANA

Onde o visitante come o museu

Os paladares da Bahia são concebidos a partir das relações entre meio ambiente e cultura, seja na escolha dos ingredientes, seja nas interpretações dos rituais sociais da alimentação. O paladar é uma construção, ocorre na boca, mas integrado aos sentidos da visão, do olfato e do tato. O paladar diz respeito ao pertencimento a uma história, um território, uma matriz étnica.

A Bahia multicultural se faz presente em variadas cozinhas que tocam nas áreas do Recôncavo, do sertão, entre o litoral e os caminhos que levam à Chapada Diamantina, e também no sul do estado.

A partir desse patrimônio valioso, o Senac Bahia assumiu um trabalho inovador: a criação do Museu da Gastronomia Baiana, em 15 de agosto de 2006, uma iniciativa pioneira no Brasil e na América Latina. O museu ocupa um conjunto de prédios do Largo do Pelourinho, com espaços culturais e educacionais que integram o meio ambiente e o patrimônio cultural baiano, onde os visitantes têm a oportunidade de conhecer os sistemas alimentares da Bahia. O museu é composto por sete espaços: uma exposição de longa duração, o Bahia Bar, o Restaurante-Escola do Senac, a sala Mestre Pastinha e Dona Romélia, o espaço Café & Chocolate, o restaurante História & Sabor e a Galeria Nelson Daiha – Art-Food. Todo esse circuito valoriza a magnífica arquitetura do Largo do Pelourinho, reconhecida como Patrimônio da Humanidade pela Unesco (1985).

O museu tem um papel formador para os diferentes campos do conhecimento, oferecendo experiências pedagógicas que agregam valores sociais, patrimoniais e profissionais. Desse modo, assume seu compromisso de apoio no tocante à educação que leva ao exercício da cidadania e do direito cultural. Esta é a missão do Museu da Gastronomia Baiana, cujo projeto dinâmico é coerente com as finalidades institucionais do Senac, para quem a formação profissional e a qualificação para o mercado e a vida cultural e social são de extremo valor.

Bahia Bar Espaço dedicado às bebidas da Bahia, onde também é possível vivenciar experiências gastronômicas especiais.

Exposição de longa duração Espaço com duas galerias onde é apresentada uma exposição que traz uma introdução abrangente dos sistemas alimentares da Bahia e suas conexões com a formação multiétnica da mesa brasileira. O espaço também abriga parte das muralhas de Santa Catarina, importante testemunho arqueológico da cidade de São Salvador.

Sala Mestre Pastinha e Dona Romélia Espaço-homenagem às matrizes africanas formadoras da cultura baiana.

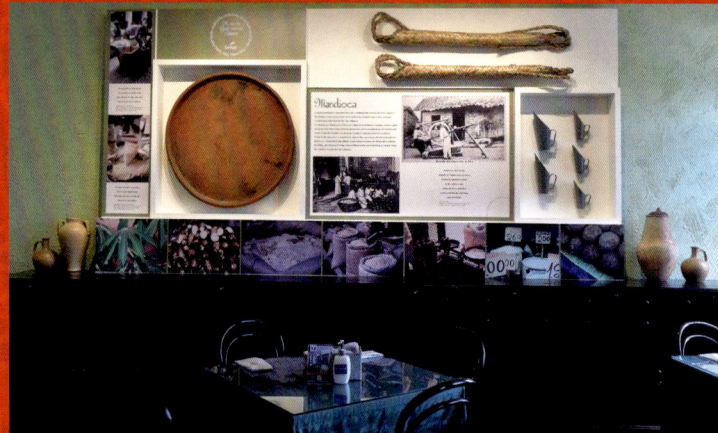
Restaurante-Escola Um lugar em que o visitante pode ter uma rica experiência gastronômica com as comidas tradicionais, que representam a multiculturalidade da Bahia.

Galeria Gastronomia Baiana no Mundo Coleção de fotografias que mostra a difusão da gastronomia baiana pelo Senac em diferentes países.

Restaurante História & Sabor Um lugar para experiências gastronômicas que privilegiam as comidas do dia a dia do cardápio baiano e de outras regiões.

Café & Chocolate Espaço dedicado à valorização do café, do cacau e do chocolate da Bahia, e que oferece experiências gastronômicas. O espaço também traz uma pequena livraria especializada em gastronomia e hospitalidade.

Galeria Nelson Daiha – Art-Food Espaço de exposições temporárias que apresentam temas integrados ao patrimônio alimentar da Bahia.

Abará

Os ingredientes para fazer o abará e o acarajé são os mesmos. Abará é cozido no vapor, e o acarajé é frito no dendê. O abará é a massa de feijão envolta em folha de bananeira, previamente passada no fogo para adquirir flexibilidade. O mesmo acontece com o acaçá: também é uma massa, só que de milho branco e sem tempero, um alimento do orixá Oxalá.

INGREDIENTES

- 1 kg de feijão-fradinho (olho de pombo)
- 3 cebolas
- 200 g de camarão seco moído
- 100 g de castanha-de-caju
- 100 g de amendoim
- 200 ml de azeite de dendê
- 1 colher (sopa) de gengibre ralado
- 1 colher (sopa) de sal
- 3 a 4 folhas grandes de bananeira

MODO DE PREPARO Hidrate o feijão por 4 horas. Friccione o feijão entre as mãos até ficar sem casca. Escorra e moa o feijão, transformando-o em uma massa. Bata a massa com colher de pau. Em um liquidificador, bata a cebola até obter um creme homogêneo, em seguida, acrescente o camarão, a castanha-de-caju e o amendoim, e adicione esse creme à massa, batendo novamente até que fique homogênea. Adicione o dendê e o sumo do gengibre, finalize com sal e bata novamente. Passe ligeiramente as folhas de bananeira sobre a chama até que fiquem flexíveis. Em seguida, retire o talo central e corte-as em pedaços. Enrole porções da massa em folha de bananeira seguindo a dobradura tradicional e cozinhe no vapor por aproximadamente 30 minutos.

Tempo de preparo
40 minutos a 1 hora
(exceto o demolho do feijão).

Rendimento
30 unidades de abará pequeno.

Observação
No Restaurante-Escola do Senac Pelourinho, a receita do abará é acrescida do fundo misto, que leva camarão seco, amendoim e castanha na sua composição.

Acarajé

O acarajé faz parte da dieta tradicional do baiano. Ele procede de povos da África Ocidental, em especial, os iorubás. No idioma iorubá, "acarajé" quer dizer bolo ou pão (*akará*) e comer (*jé*), ou seja, "comer bolo". Esta é, sem dúvida, uma das comidas mais marcantes da identidade alimentar baiana. Por causa de sua grande importância cultural e gastronômica, em dezembro de 2004, o Iphan reconheceu o Ofício das Baianas de Acarajé como Patrimônio Cultural Brasileiro. Nos tabuleiros das baianas, o acarajé pode ser comido com molho nagô (molho de pimenta), vatapá e caruru.

INGREDIENTES

1 kg de feijão-fradinho quebrado

1 cebola grande ralada

Sal a gosto

500 ml de azeite de dendê

MODO DE PREPARO Deixe o feijão de molho de 2 a 4 horas. Lave-o e retire toda a casca. Depois de lavado, passe os grãos no moedor de cereais para formar uma massa. Então, acrescente a cebola e o sal. Bata a massa com colher de pau para que fermente e fique leve. Com a colher de sopa, molde a massa até formar o bolinho e frite no azeite de dendê até dourar.

Tempo de preparo
30 a 50 minutos
(exceto o demolho do feijão).

Rendimento
20 porções.

Arroz de coco

INGREDIENTES

500 g de arroz branco

500 ml de água filtrada

200 ml de leite de coco

1 cebola média processada

1 colher (sopa) de sal

100 g de coco ralado

MODO DE PREPARO Lave e escorra o arroz. Reserve. Misture a água, o leite de coco, a cebola e o sal, e leve ao fogo até ferver. Acrescente o arroz e deixe cozinhar até que fique com pouca água. Coloque coco ralado sobre o arroz cozido e sirva ainda quente.

Tempo de preparo
20 a 30 minutos.

Rendimento
10 porções.

Arroz de hauçá

INGREDIENTES

50 ml de azeite de dendê

1 cebola grande processada

200 g de camarão seco defumado

200 g de charque dessalgado (em tiras finas)

500 g de arroz branco cozido

1 colher (sopa) de coentro picado

1 colher (sopa) de cebolinha picada

1 colher (chá) de sal

MODO DE PREPARO Aqueça uma panela, coloque o dendê e refogue a cebola, o camarão seco e o charque. Em seguida, adicione o arroz, o coentro, a cebolinha e o sal. Sirva ainda quente.

Tempo de preparo
30 a 40 minutos.

Rendimento
15 porções.

Arroz de marisco

INGREDIENTES

50 ml de azeite de oliva

5 dentes de alho processados

1 cebola grande processada

1 pimentão verde

2 tomates processados

100 g de extrato de tomate

100 ml de sumo de limão

100 g de ostra limpa

100 g de sururu limpo

200 g de camarão fresco limpo

500 g de arroz branco cozido

3 colheres (sopa) de coentro picado

1 colher (sopa) de sal

MODO DE PREPARO Aqueça uma panela, coloque o azeite de oliva, o alho e a cebola, e refogue. Acrescente o pimentão, o tomate, o extrato, o limão, a ostra, o sururu, o camarão, o arroz cozido, o coentro e sal. Sirva ainda quente.

Tempo de preparo
30 a 40 minutos.

Rendimento
20 porções.

Observação
Esta receita também poderá ser acrescida de mexilhão, siri e lula.

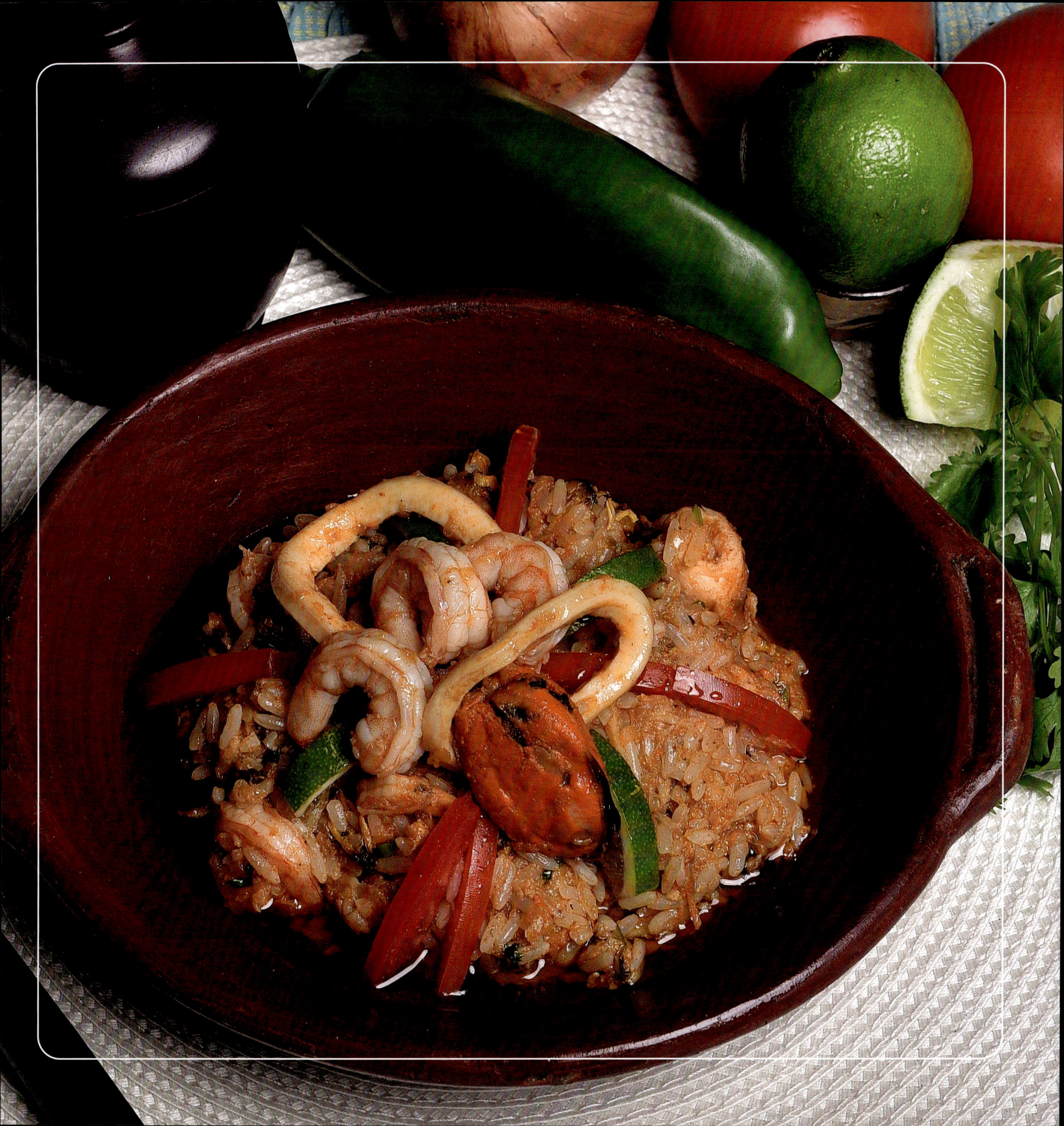

Bacalhau à baiana

*"QUEBRA COCO, QUEBRA COCO NA LADEIRA DO PIÁ!
QUANDO HÁ COCO MADURO
SÓ SE APANHA COCO LÁ!"*
(Canção escoteira)

INGREDIENTES

- 200 ml de leite de coco
- 100 g de extrato de tomate
- 100 ml de azeite de oliva
- 5 dentes de alho moídos
- 2 cebolas grandes cortadas em cubos médios
- 1 pimentão verde grande
- 3 a 4 tomates grandes cortados em cubos médios
- 1 kg de bacalhau dessalgado
- 50 ml de sumo de limão
- 1 colher (chá) de sal
- 1 colher (sopa) de coentro

MODO DE PREPARO Misture o leite de coco e o extrato de tomate e reserve. Aqueça uma panela e refogue no azeite o alho e depois a cebola. Adicione o pimentão e o tomate. Acrescente a mistura de extrato de tomate com leite de coco até cozinhar e, em seguida, o bacalhau. Finalize com limão, sal e coentro. Sirva ainda quente.

Tempo de preparo
50 minutos a 1 hora.

Rendimento
20 porções.

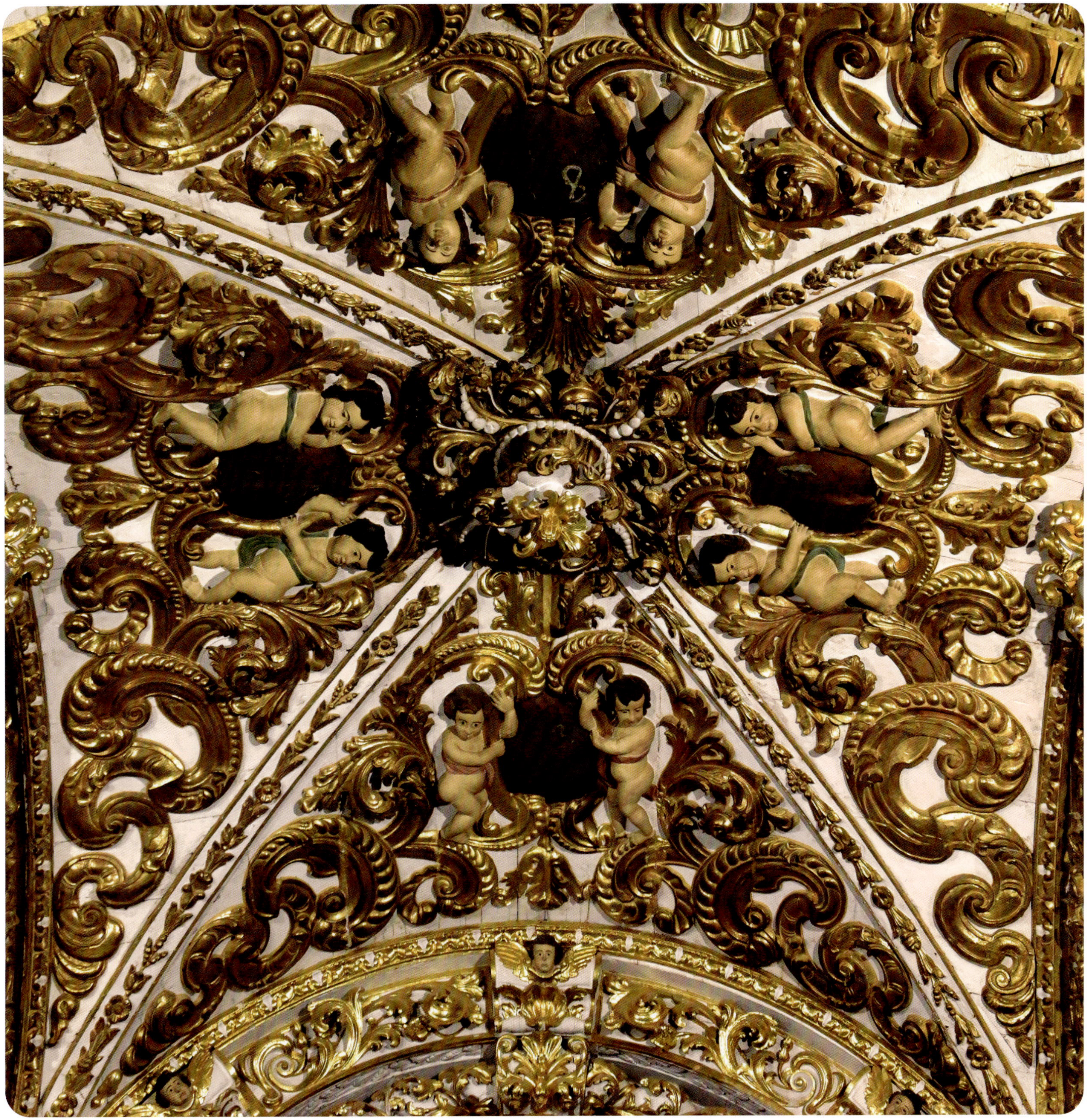

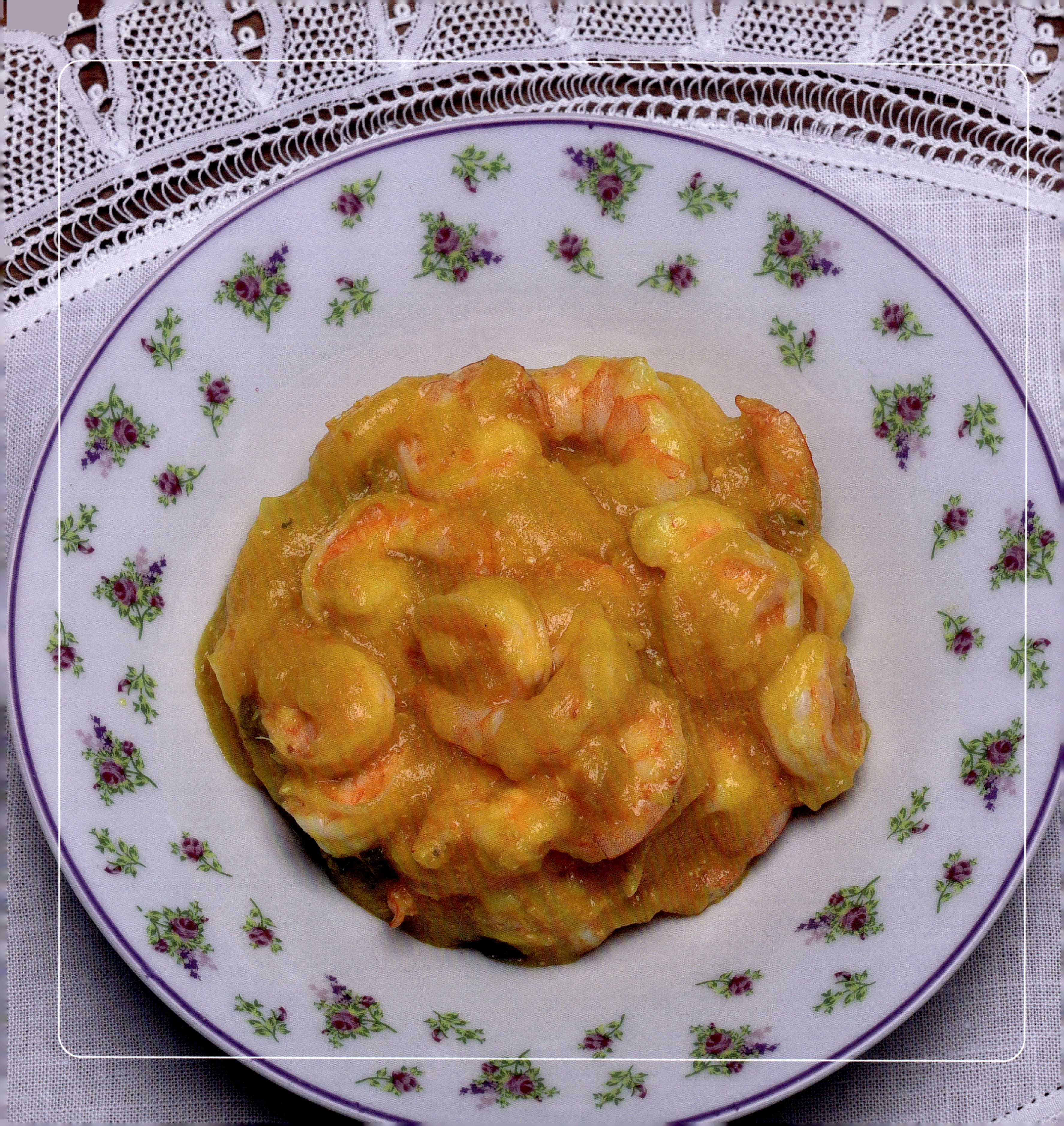

Bobó de camarão

A base do bobó pode ser feita de aipim, inhame, feijão, fruta-pão – sempre se acrescentando o dendê. Na Nigéria, o pirão de inhame, sem condimentos, chama-se *amalá*; e quando acrescido de camarões e dendê, chama-se *peté* ou *ipeté*. Essas receitas africanas compõem a base gastronômica do nosso bobó, que geralmente é acompanhado de arroz branco.

INGREDIENTES

1,2 kg de aipim ou inhame

3 colheres (chá) de sal

120 ml de leite de coco

120 ml de azeite de dendê

5 cebolas moídas

1,2 kg de camarão fresco sem casca

150 ml (½ lata) de creme de leite

MODO DE PREPARO Descasque e cozinhe o aipim ou inhame em água e sal. Depois de cozido, passe no liquidificador com um pouco do caldo do cozimento e um pouco de leite de coco, transformando a massa em um purê. Reserve.
Em uma panela, refogue em azeite de dendê a cebola moída e os camarões. Adicione o purê de aipim e o restante do leite de coco, deixando ferver.
Com o fogo desligado, acrescente o creme de leite. Sirva a seguir.

Tempo de preparo
40 minutos a 1 hora.

Rendimento
6 porções.

Caruru

Caruru é um dos pratos emblemáticos da mesa baiana, como o acarajé e o vatapá. Nas festas de Cosme e Damião, ou dos mabaços, além do prato principal à base de quiabo e dendê, geralmente servido em gamela de madeira arredondada, há sempre abará, acaçá, pipoca, rapadura, frutas (principalmente cana-de-açúcar), farofa de azeite de dendê, queimados (doces), inhame, batata-doce e banana frita. Bebem-se vinho, refrigerantes e aluá. Sobre a feitura do aluá, o intelectual baiano Manuel Querino, em *Costumes africanos no Brasil* (1938), descreve a receita ainda em uso na Bahia: "O milho demorado na água depois de três dias dá a esta um sabor acre, de azedume, pela fermentação. Coa-se a água, adicionam-se pedaços de rapadura e, diluída essa, se tem bebida agradável e refrigerante".

"SÃO COSME MANDOU FAZER DUAS CAMISINHA AZUL NO DIA DA FESTA DELE, SÃO COSME QUER CARURU."
(Cantiga de São Cosme e Damião)

INGREDIENTES

1 kg de quiabo

3 cebolas grandes descascadas e processadas

200 g de camarão seco

100 g de castanha-de-caju, descascada

100 g de amendoim torrado, descascado

100 ml de azeite de dendê

2 litros de caldo de peixe

1 colher (sopa) de gengibre processado

MODO DE PREPARO Corte o quiabo em rodelas e reserve. Processe metade da cebola, metade do camarão, a castanha e o amendoim, e reserve. Em uma panela grande, refogue no azeite de dendê o restante da cebola, o quiabo e o restante do camarão. Acrescente o caldo de peixe e os demais ingredientes e cozinhe por aproximadamente 30 minutos. Sirva ainda quente.

Tempo de preparo
40 minutos a 1 hora.

Rendimento
12 porções.

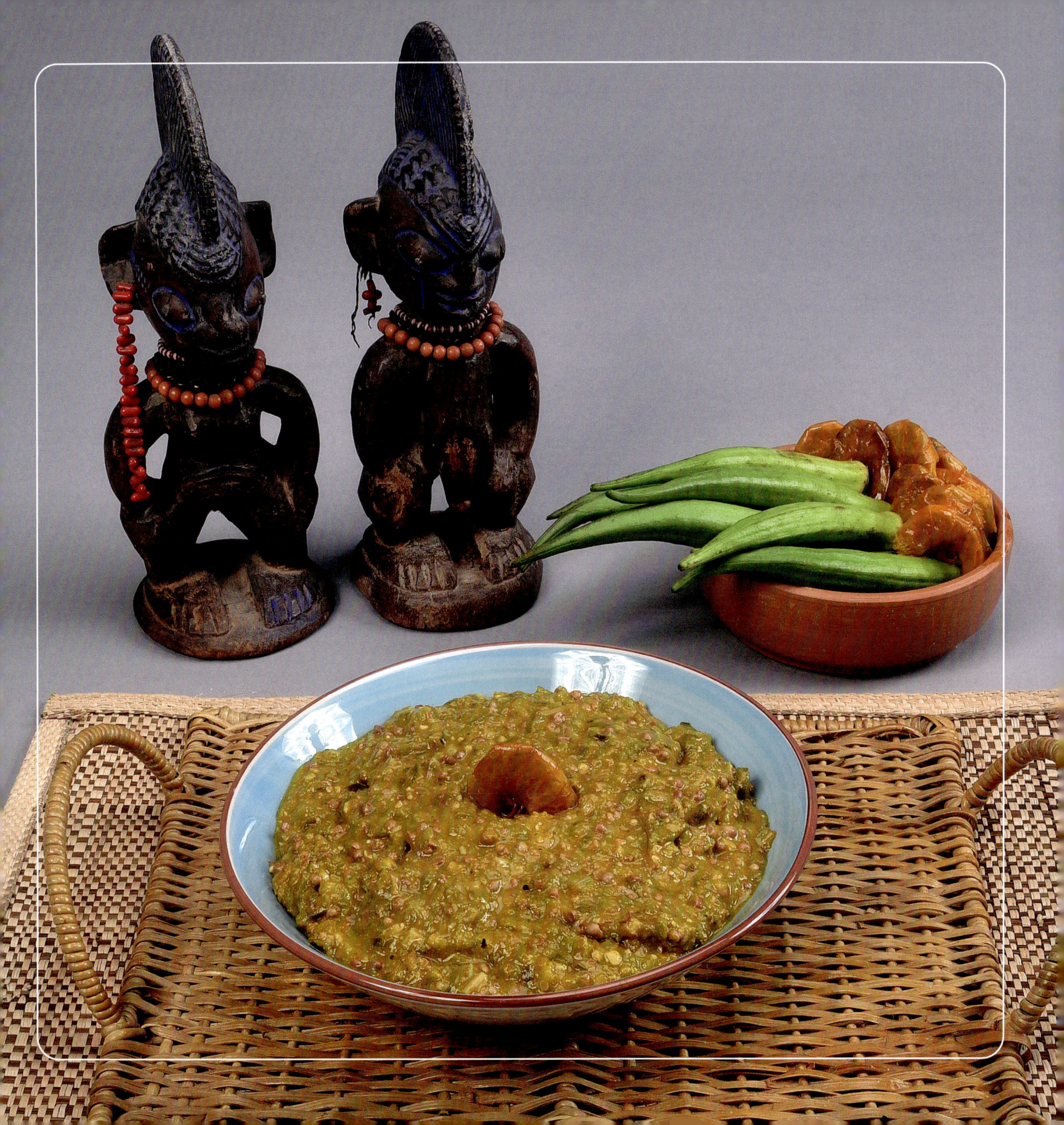

Casquinha de siri

INGREDIENTES

100 ml de leite de coco

50 g de extrato de tomate

10 ml de azeite de oliva

10 dentes de alho picados

1 cebola grande picada

1 pimentão verde grande picado

3 tomates picados

500 g de siri catado

100 ml de sumo de limão

2 colheres (sopa) de coentro picado

Sal a gosto

MODO DE PREPARO   Misture o leite de coco e o extrato de tomate, e reserve. Aqueça uma panela e refogue no azeite de oliva o alho e depois a cebola. Acrescente o pimentão, o tomate e a mistura de extrato com leite de coco. Em seguida, acrescente o siri e cozinhe por aproximadamente 20 minutos. Finalize com limão, sal e coentro. Sugestão: sirva na casca do próprio siri.

Tempo de preparo
20 a 30 minutos.

Rendimento
10 porções.

Cozido

Muitas vezes os cozidos se transformam em sopas, que têm fama de muita sustância, de ser uma comida forte e que alimenta bem. Como a feijoada, o cozido é um prato de muitos ingredientes, muitas misturas e, principalmente, de quem domina a criatividade na cozinha.

INGREDIENTES

10 ml de óleo

100 g de toucinho salgado

600 g de charque dessalgado cortado em cubos

500 g de cruz machado (carne bovina) cortado em cubos

300 g de linguiça calabresa

1 cabeça de alho picada

3 cebolas grandes picadas

2 pimentões verdes picados

6 tomates grandes picados

40 g de extrato de tomate

1 colher (sopa) de pimenta-do-reino

5 folhas de louro

3 kg de legumes variados (abóbora, cenoura, quiabo, repolho, couve, batata-inglesa, batata-doce, banana-da-terra, maxixe e jiló)

½ maço de hortelã

3 litros de água

500 g de farinha de mandioca

Sal a gosto

MODO DE PREPARO Aqueça uma panela, adicione o óleo e frite o toucinho, o charque dessalgado, o cruz machado e a linguiça calabresa. Reserve as carnes. Na mesma panela, refogue o alho, a cebola, o pimentão, o tomate e o extrato de tomate. Acrescente a pimenta-do-reino, a folha de louro, sal e as carnes que tinham sido reservadas. Deixe cozinhar até as carnes ficarem macias. Adicione os legumes mais firmes. Cerca de 10 minutos depois, coloque os legumes mais macios e a hortelã, cubra com água todos os elementos e deixe cozinhar por mais 10 minutos. Retire os legumes íntegros e macios da panela. Após o cozimento, separe as carnes, os legumes e o caldo. Utilize o caldo para fazer o pirão, misturando farinha de mandioca até dar o ponto. Acerte o sal do pirão antes de finalizar. Sirva as carnes cozidas, o pirão e os legumes em refratários separados.

Tempo de preparo
1 hora e 40 minutos a 2 horas.

Rendimento
25 porções.

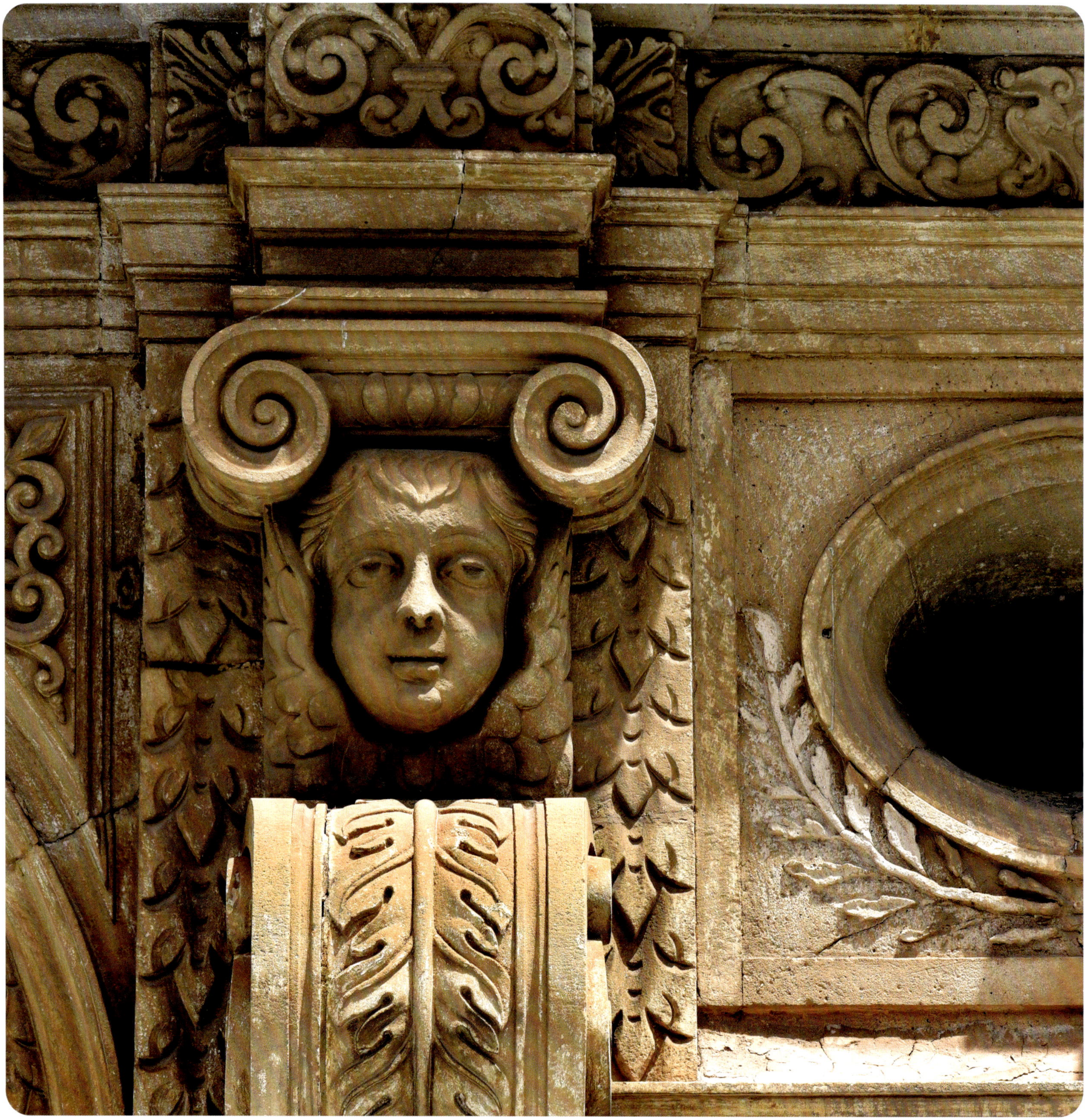

Dobradinha

INGREDIENTES

500 g de feijão-branco

150 g de salpresa (carne de porco salgada) cortada em tiras

150 g de charque cortado em tiras

500 g de bucho bovino cortado em tiras

120 g de toucinho branco cortado em tiras

150 g de linguiça calabresa cortada em tiras

5 folhas de louro

10 ml de óleo

10 dentes de alho picados

1 cebola grande picada

1 pimentão verde picado

4 tomates grandes picados

100 g de extrato de tomate

1 colher (chá) de pimenta-do-reino moída

1 colher (chá) de sal

½ maço de hortelã picado

MODO DE PREPARO Hidrate o feijão com água e deixe demolhando por 2 horas. Dessalgue as carnes, escalfe o bucho e reserve. Cozinhe o bucho à parte com água, sal e folha de louro. Refogue em óleo o toucinho, o charque, a salpresa, a linguiça calabresa, o alho, a cebola, o pimentão e o tomate. Adicione o extrato de tomate e a pimenta-do-reino. Acrescente água para cozinhar, adicione o feijão-branco, deixe cozinhar por 1 hora e 30 minutos, adicione o bucho, cozinhe por mais 30 minutos e finalize com hortelã. Sirva quente com arroz branco e farinha de mandioca.

Tempo de preparo
2 horas a 2 horas e 20 minutos (exceto o demolho do feijão).

Rendimento
20 porções.

Efó

Prato que também integra o cardápio do candomblé, especialmente na festa do orixá Omolu, em cerimônia coletiva chamada Olubajé. Pode ser feito de diferentes folhas, como mostarda, capeba, bredo-de-santo-antônio e alumã.

INGREDIENTES

500 g de taioba

60 ml de azeite de dendê

1 cebola grande processada

30 g de camarão seco inteiro

30 g de camarão seco moído

40 g de amendoim moído

80 ml de leite de coco

Sal a gosto

MODO DE PREPARO Coloque a taioba em água fervente por 30 segundos e, em seguida, resfrie rapidamente em água gelada. Enxugue as folhas, e então processe ou pique-as; reserve. Em uma panela, esquente o azeite de dendê. Acrescente a cebola, os camarões secos (inteiros e moídos), o amendoim e o leite de coco, e cozinhe por 10 minutos. Em seguida, adicione a taioba e deixe cozinhar por mais 10 minutos. Misture e sirva com arroz branco e/ou com peixe.

Tempo de preparo
20 a 30 minutos.

Rendimento
10 porções.

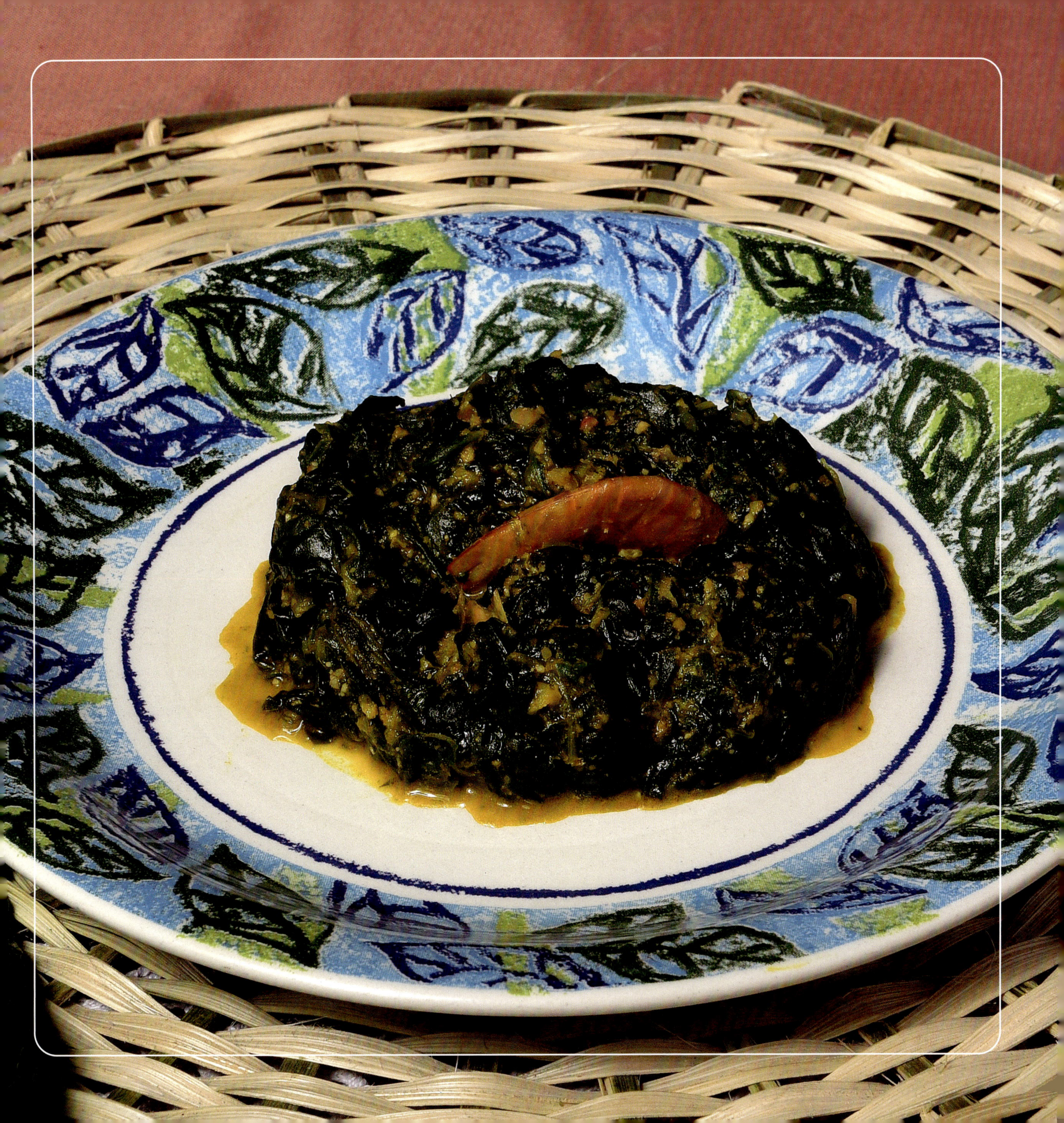

Eran paterê

INGREDIENTES

500 g de carne bovina (patinho) em bifes

½ colher (chá) de pimenta-do-reino moída

1 colher (chá) de sal

40 g de farinha de mandioca

60 ml de azeite de dendê

MODO DE PREPARO Faça uma marinada com sal e pimenta-do-reino para os bifes e deixe descansar por 2 horas. Empane-os na farinha de mandioca. Aqueça o azeite de dendê e frite os bifes empanados. Sirva acompanhado de arroz, caruru e efó.

Tempo de preparo
2 horas e 30 minutos.

Rendimento
10 porções.

Escaldado de peru

"ESTE PERU QUE AQUI ESTÁ ONTEM MORREU EMPAPADO; EU AVISO AO SENHOR NOIVO QUE O COMA COM CUIDADO..."
(Câmara Cascudo, *História da alimentação no Brasil*)

Tipo de cozido com pedaços de peru assado, verduras, legumes e demais ingredientes, servido com o escaldado feito do próprio caldo.

INGREDIENTES

- 1,5 kg de peru assado
- 20 ml de óleo
- 80 g de toucinho branco cortado em cubos
- 2 dentes de alho moídos
- 1 cebola grande picada
- 2 tomates grandes picados
- ½ colher (chá) de pimenta-do-reino moída
- 1½ colher (sopa) de extrato de tomate
- 1 colher (chá) de azeite de oliva
- 2 folhas de louro
- 2 ramos de hortelã moídos
- 1 pimentão verde picado
- 2 kg de verduras e legumes (batata-do-reino, cenoura, quiabo, maxixe, banana-da-terra, abóbora e jiló) picados
- Sal a gosto

MODO DE PREPARO Corte o peru assado em pedaços e reserve. Em uma panela, refogue no óleo o toucinho branco, o alho, a cebola e o tomate, acrescentando a pimenta-do-reino, o extrato de tomate e o azeite de oliva. Adicione o peru cortado, as folhas de louro, a hortelã moída, as verduras e os legumes. Acerte o sal a gosto. Cubra os ingredientes com água e deixe cozinhar por 35 minutos. Sirva com um pirão feito com o caldo do escaldado.

Tempo de preparo
1 hora a 1 hora e 20 minutos.

Rendimento
6 porções.

Farofa amarela

Farofa de dendê, farofa de azeite... Farofa que integra mesas do cotidiano e das festas.

A farinha é ingrediente básico na mesa nordestina. E, na Bahia, juntam-se especialmente às pimentas. Farinha de mandioca, fininha, bem fininha, como as farinhas do Recôncavo, ou grossa, bem ou mal assada, acrescida de temperos e atos criativos para elaborar misturas. É farofa de tudo que é jeito. Servida à mesa, aproveitam os caldos e os molhos picantes dos outros pratos, complementando e arrematando uma boa refeição.

INGREDIENTES

250 ml de azeite de dendê

2 cebolas grandes picadas

100 g de camarão seco

1 kg de farinha de mandioca

Sal a gosto

MODO DE PREPARO Em uma panela, refogue no azeite de dendê a cebola. Em seguida, acrescente o camarão seco e a farinha de mandioca. Mexa lentamente, para torrar a farinha até ficar crocante. Finalize com sal.

Tempo de preparo
15 a 20 minutos.

Rendimento
15 a 20 porções.

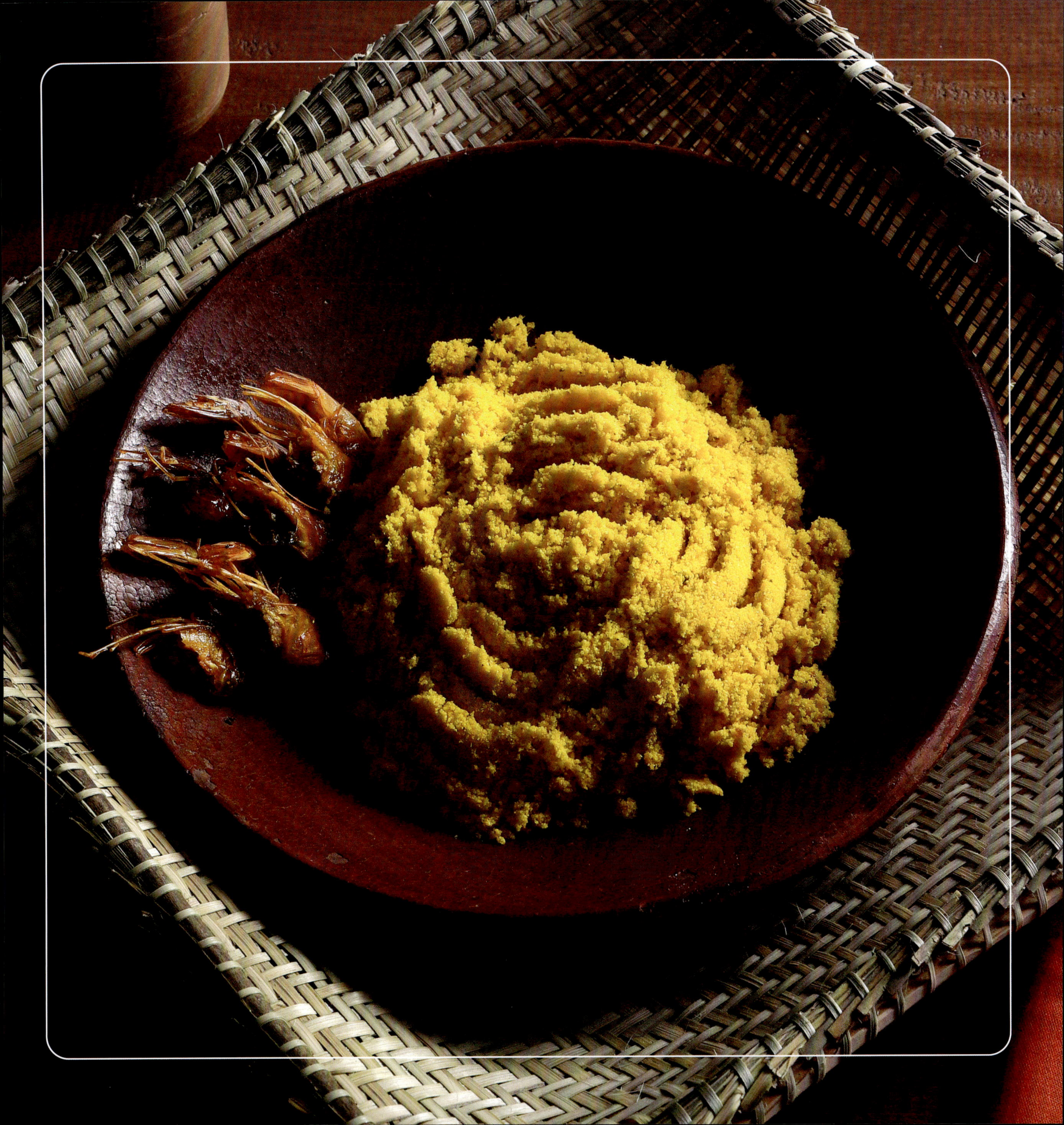

Farofa de sabiá

INGREDIENTES

500 g de farinha de mandioca

40 ml de leite

2 colheres (sopa) de óleo de soja

1 cebola pequena picada

1 pimentão vermelho picado

2 pimentas-malagueta inteiras

100 g de carne-seca dessalgada e desfiada

MODO DE PREPARO Umedeça a farinha com o leite morno, mexa rapidamente e reserve. Em outra panela, refogue no óleo a cebola, o pimentão, a pimenta-malagueta inteira e a carne-seca desfiada e acrescente à mistura da farinha de mandioca com leite. É um ótimo acompanhamento para carnes assadas ou grelhadas.

Tempo de preparo
20 a 30 minutos.

Rendimento
10 a 15 porções.

Feijão-de-leite

INGREDIENTES

500 g de feijão-mulatinho

1 colher (chá) de sal

120 ml de leite de coco

60 g de açúcar

MODO DE PREPARO Cozinhe o feijão com sal. Processe o feijão com uma parte da água do cozimento, o leite de coco e o açúcar. Coloque para ferver e sirva quente.

Tempo de preparo
20 a 30 minutos.

Rendimento
6 a 10 porções.

Feijão-fradinho ou feijão-de-azeite

*"COMENDO FEIJÃO
BEBENDO CACHAÇA
ASSIM COM PRAZER
AINDA SE PASSA."*
(Cantiga popular)

*"ÀS SEIS HORAS DA MANHÃ
O HOMEM VAI AO MERCADO
FAZ AS DESPESAS DO DIA.
JULGA QUE ESTÁ
DESCANSADO
COMPRA FARINHA E FEIJÃO,
CARNE, AÇÚCAR, CAFÉ, PÃO,
VERDURA, FRUTA E
TOUCINHO.
ELA DIZ – NÃO SE LEMBROU?
POR QUE FOI QUE NÃO
COMPROU
ALHO, PIMENTA E
COMINHO?"*
(Leandro Gomes de Barros)

O feijão-fradinho é componente de vários pratos da mesa baiana. É o ingrediente fundamental do acarajé e do abará. O feijão-fradinho também é base do omolocum, prato do candomblé.

INGREDIENTES

1 kg de feijão-fradinho

70 ml de azeite de dendê

2 cebolas grandes raladas

80 g de camarão seco moído

30 g de camarão seco inteiro, sem cabeça e sem cauda

80 g de castanha-de-caju torrada, descascada e moída

80 g de amendoim torrado, descascado e moído

2 colheres (sopa) de coentro picado

Sal a gosto

MODO DE PREPARO Deixe o feijão-fradinho de molho por 1 hora. Cozinhe o feijão com água e sal e reserve-o. Refogue no azeite de dendê a cebola, o camarão seco (moído e inteiro), a castanha-de-caju e o amendoim. Em seguida, acrescente o feijão cozido. Misture os ingredientes e finalize com coentro.

Tempo de preparo
1 hora e 10 minutos a 1 hora e 30 minutos (exceto o demolho do feijão).

Rendimento
10 a 15 porções.

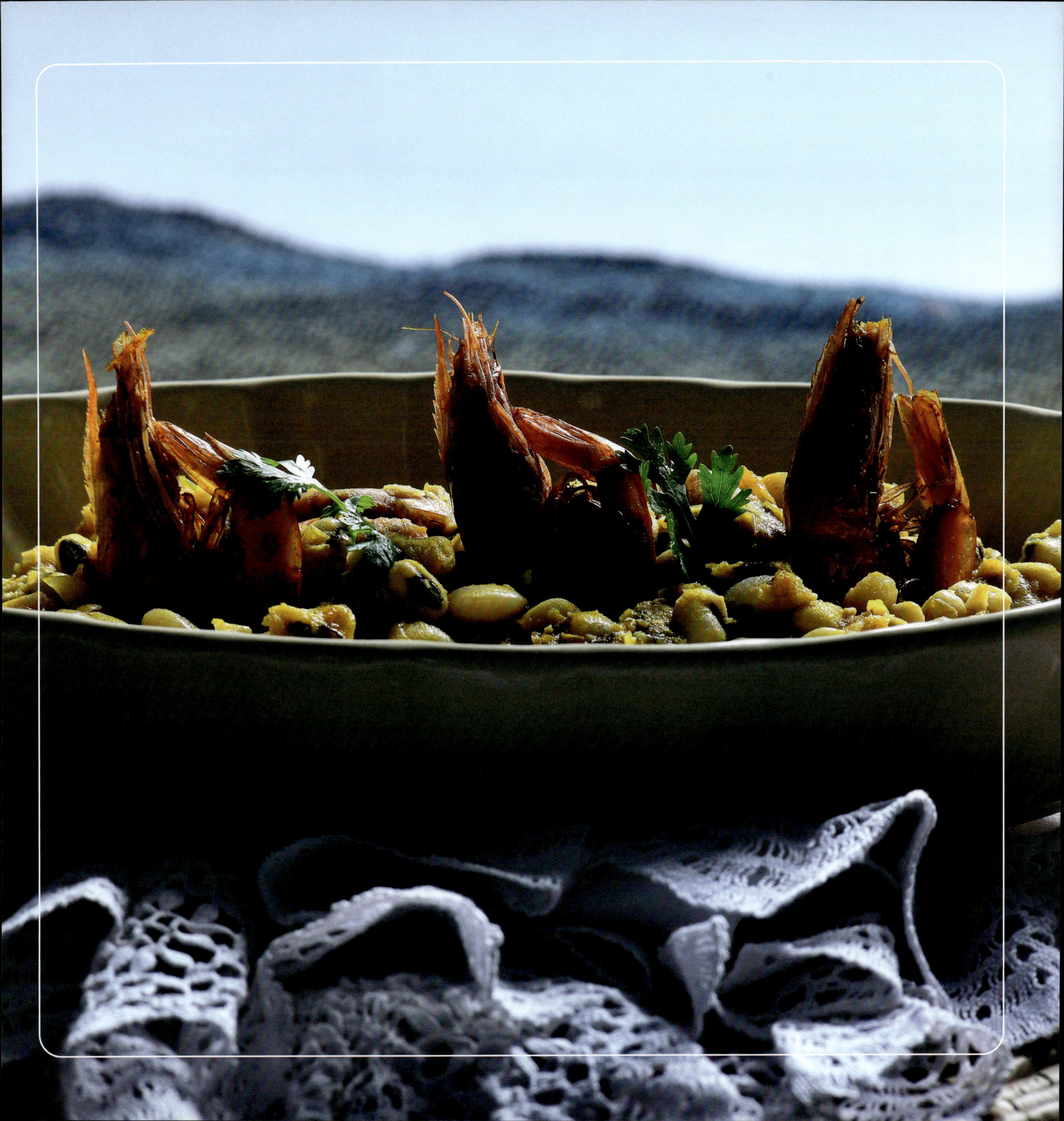

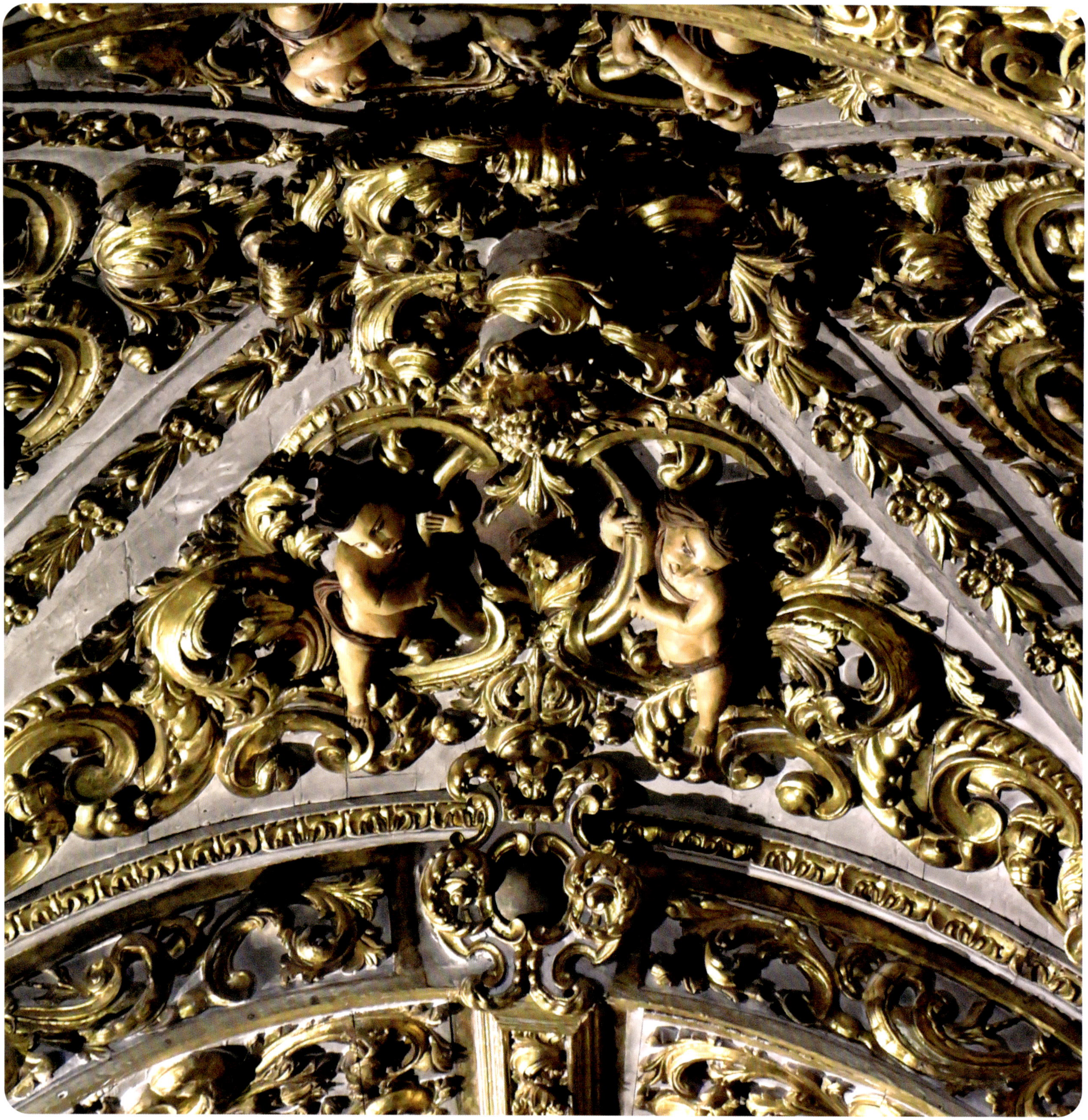

Feijão-tropeiro

"FARINHA E FEIJÃO AGUENTAM O CRISTÃO."

Feijão-tropeiro é a comida tradicional do viajante, do tropeiro, o condutor das tropas de animais de carga ainda comuns no interior do Brasil.

INGREDIENTES

- 400 g de feijão-mulatinho
- 80 g de toucinho branco
- 200 g de charque
- 200 g de linguiça calabresa
- 2 colheres (sopa) de óleo de soja
- 1½ cebola picada
- 80 g de farinha de mandioca
- 2 ovos cozidos picados
- 2 colheres (sopa) de coentro
- 1 maço de cebolinha
- Sal a gosto

MODO DE PREPARO Cozinhe o feijão-mulatinho em água e sal. Depois de cozido, escorra a água e deixe esfriar. Corte em cubos médios o toucinho branco, o charque e a linguiça calabresa. Refogue-os no óleo até caramelizar as carnes. Reserve um pouco do toucinho para a finalização. Em seguida, acrescente a cebola e deixe esfriar. Adicione o feijão-mulatinho, a farinha de mandioca, os ovos cozidos picados, o coentro e a cebolinha. Na hora de servir, decore o prato com toucinho frito e cebolinha. Sirva acompanhado de carnes assadas ou grelhadas.

Tempo de preparo
50 minutos a 1 hora.

Rendimento
10 porções.

Feijoada baiana

A feijoada é considerada por muitos o prato mais nacional e popular do Brasil, sendo o prato preferido por pessoas de todas as classes e durante o ano todo. Existem diferentes receitas – com feijão-preto, feijão-mulatinho, feijão-enxofre... –, algumas até com verduras e legumes. Não há uma receita definitiva da feijoada, e cada estado ou região tem a sua favorita.

INGREDIENTES

- 600 g de charque
- 160 g de toucinho
- 400 g de cruz machado
- 320 g de rabo de porco
- 240 g de orelha de porco
- 480 g de salpresa (carne de porco salgada)
- 480 g de pé de porco
- 320 g de chouriço ou paio
- 480 g de costela de porco defumada
- 1 kg de feijão-mulatinho
- 5 dentes de alho processados
- 2 cebolas médias picadas
- 4 tomates maduros picados
- 100 g de extrato de tomate
- 1 colher (sopa) de pimenta-do-reino
- 2 litros de água
- 5 folhas de louro
- ½ maço de hortelã
- ½ maço de cebolinha
- 1 colher (chá) de sal

MODO DE PREPARO Dessalgue as carnes em água gelada por 72 horas, mantendo-as na geladeira. Hidrate o feijão por 4 horas, mantendo-o na geladeira. Em uma panela grande, sele as carnes: comece pelo toucinho, as peças de porco e o charque, e termine pela costela. Reserve-as. Em seguida, na mesma panela, refogue o alho, a cebola, o tomate, o extrato de tomate e a pimenta-do-reino. Adicione a água e as carnes, e cozinhe por 1 hora. Acrescente o feijão e as folhas de louro. Cozinhe por aproximadamente 1 hora. Finalize com hortelã, cebolinha e sal, se necessário.

Tempo de preparo
2 horas a 2 horas e 30 minutos (exceto o demolho do feijão).

Rendimento
20 porções.

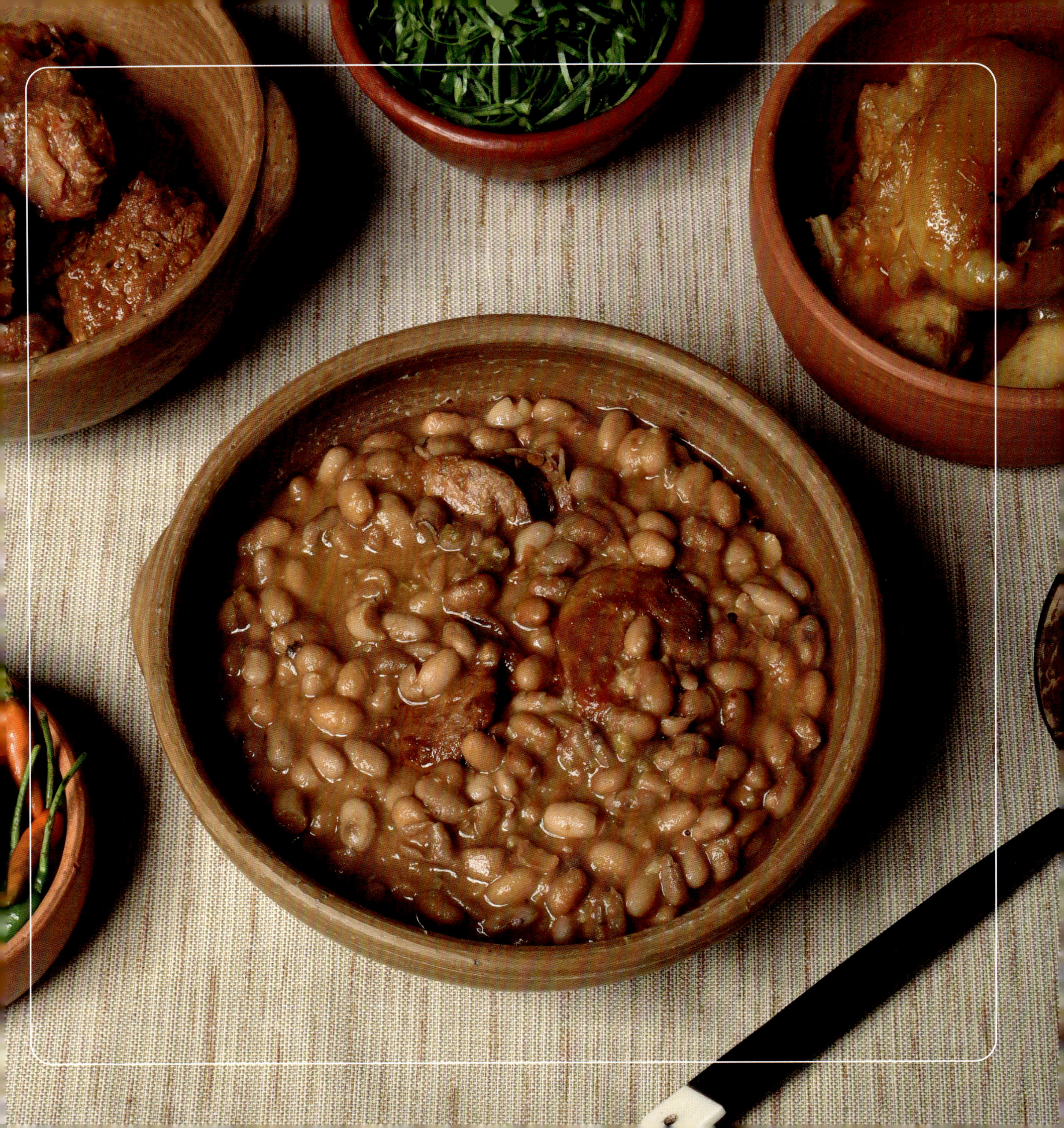

Frango ensopado

INGREDIENTES

1 kg de frango inteiro

10 ml de sumo de limão

30 ml de vinagre

20 ml de óleo de soja

50 g de toucinho branco

1 cabeça de alho processada

2 cebolas pequenas picadas

1 pimentão verde picado

4 tomates grandes picados

50 g de extrato de tomate

1 colher (sopa) de hortelã picada

1 colher (sopa) de cebolinha picada

1 colher (chá) de pimenta-do-reino

Sal a gosto

MODO DE PREPARO Corte o frango nas articulações e lave-o com limão e vinagre. Tempere o frango com sal, pimenta-do-reino e refogue-o no óleo com o toucinho, o alho, a cebola, o pimentão, o tomate e o extrato de tomate. Adicione água aos poucos, se necessário. Deixe cozinhar e finalize com a hortelã e a cebolinha. Sirva com arroz.

Tempo de preparo
40 a 50 minutos.

Rendimento
10 a 12 porções.

Frigideira de bacalhau

A frigideira é uma modalidade de prato que aparece com diferentes bases. Pode ser de maturi (castanha-de-caju verde), de peixe, de carne-seca, de camarão, entre tantos outros.

INGREDIENTES

400 g de bacalhau
30 ml de azeite de oliva
1 cebola média picada
1 tomate grande picado
¼ de maço de coentro
1 pimentão verde picado
40 ml de leite de coco
6 ovos batidos
½ colher (chá) de fermento
Manteiga para untar
Sal a gosto

MODO DE PREPARO Dessalgue o bacalhau, deixando-o de molho numa vasilha com água e farinha de mandioca por no mínimo 8 horas. Na hora que for começar a cozinhar, preaqueça o forno. Desfie e refogue o bacalhau no azeite de oliva com a cebola, o tomate, o coentro e o pimentão. Acrescente o leite de coco. Espalhe esse refogado em assadeira untada com manteiga e cubra com os ovos batidos com o fermento. Asse no forno a 160 °C por 20 minutos. Sirva com arroz.

Tempo de preparo
30 a 40 minutos (exceto o demolho do bacalhau).

Rendimento
6 porções.

Galinha ao molho pardo

A galinha ao molho pardo também é conhecida como "galinha cabidela" em algumas regiões do Nordeste. Em Portugal, era um guisado de miúdos de aves (fígado, moela, pescoço, pontas de asas). Em *A arte culinária na Bahia*, Manuel Querino (1938) descreve a receita de galinha ao molho pardo:

> Antes de dar o golpe no pescoço da ave, deita-se um pouco de vinagre na vasilha que tiver de recolher o sangue. Depois de imergida em água fervente e depenada, é passada em labaredas para despi-la de qualquer penugem, e em seguida é lavada com limão e água e cortada aos pedaços. Tempera-se com sal, vinagre, alho, manteiga, cominho e pimenta-do-reino em pó, hortelã, cebola, tomate, toucinho e chouriço e leva-se ao fogo para cozer. Isto feito, deita-se o vinagre com sangue, que é o que constitui o molho pardo e, à proporção que este é despejado, revolve-se a panela com colher de madeira para que o sangue não talhe.

"GALINHA DE PANELA? SÓ TEM ELA."

INGREDIENTES

- 1 kg de galinha inteira
- Sumo de 2 limões
- ½ colher (sopa) de pimenta-do-reino
- 20 ml de óleo de soja
- 50 g de toucinho branco
- 4 dentes de alho picados
- 2 cebolas médias picadas
- 1 pimentão verde picado
- 4 tomates grandes picados
- 2 colheres (sopa) de extrato de tomate
- 100 ml de água
- 120 ml de sangue de galinha
- 30 ml de vinagre
- 1/3 de maço de hortelã picado
- Sal a gosto

MODO DE PREPARO Corte a galinha nas articulações e lave-a com limão. Tempere a galinha com sal e pimenta-do-reino, e refogue-a no óleo com o toucinho, o alho, a cebola, o pimentão, o tomate e o extrato de tomate. Adicione a água aos poucos, até cobrir a galinha, se necessário, e cozinhe até ficar macia. Em outro recipiente, misture o sangue com o vinagre e coe. Quando a galinha estiver pré-cozida, acrescente o sangue coado. Deixe cozinhar por mais 10 minutos e finalize com hortelã. Sirva com arroz branco.

Tempo de preparo
40 a 50 minutos.

Rendimento
20 porções.

Maxixada

INGREDIENTES

400 g de charque cortado em cubos médios

400 g de toucinho branco cortado em cubos médios

80 g de cruz machado cortado em cubos médios

1 cabeça de alho moída

2 cebolas pequenas picadas

1 pimentão verde picado

4 tomates picados

50 g de extrato de tomate

200 g de linguiça calabresa cortada em cubos médios

400 g de maxixe cortado em rodelas

80 g de camarão seco sem cabeça e cauda

2 colheres (sopa) de hortelã picada

1 colher (chá) de pimenta-do-reino

Sal a gosto

MODO DE PREPARO Escalfe o charque para retirar o sal. Refogue-o com o toucinho branco, o cruz machado, o alho, a cebola, o pimentão, o tomate, o extrato de tomate e a pimenta-do-reino. Adicione água suficiente para cobrir e cozinhar as carnes. Quando estiverem quase cozidas, acrescente a linguiça calabresa, o maxixe, o camarão seco e a hortelã. Ajuste o sal, se necessário. Sirva com arroz branco.

Tempo de preparo
1 hora a 1 hora e 10 minutos.

Rendimento
10 a 12 porções.

Moqueca de arraia

Os experimentos gastronômicos do português no litoral do Brasil quinhentista se diversificaram a partir do conhecimento do *moquém*, uma grelha de paus de povos originários brasileiros sobre a qual se coloca o peixe ou a carne para assar. Isso porque essa técnica lembrava as práticas portuguesas e também o *fumeiro*, uma tecnologia europeia de defumação de carnes. O moquém tem a vantagem de preservar alimentos, fixando gostos especiais. Provavelmente, o nome *moqueca* está relacionado ao nome *moquém* pela prática de se colocarem os ingredientes em camadas superpostas e depois abafá-los para a cocção. Na cozinha baiana, a moqueca se amplia nas modalidades do assado e do cozido, sendo os complementos principais o azeite de dendê e o leite de coco.

INGREDIENTES

- 500 g de arraia sem pele
- 10 ml de sumo de limão
- 1 colher (sopa) de coentro picado
- 5 dentes de alho moídos
- 2 tomates cortados em meia-lua
- 1 cebola cortada em meia-lua
- 80 ml de leite de coco
- 40 ml de azeite de dendê
- 1 colher (chá) de sal

MODO DE PREPARO Corte e lave a arraia com metade do sumo de limão. Tempere com coentro, sal, alho e a outra parte do sumo de limão. Em uma panela específica para cozinhar moqueca, acomode a arraia temperada com o tomate e a cebola. Acrescente o leite de coco, o dendê e o sal, e deixe descansar até que a carne pegue um pouco do sabor. Cozinhe e finalize com coentro. Sirva com arroz, farofa amarela, vatapá ou caruru.

Tempo de preparo
30 a 40 minutos.

Rendimento
10 porções.

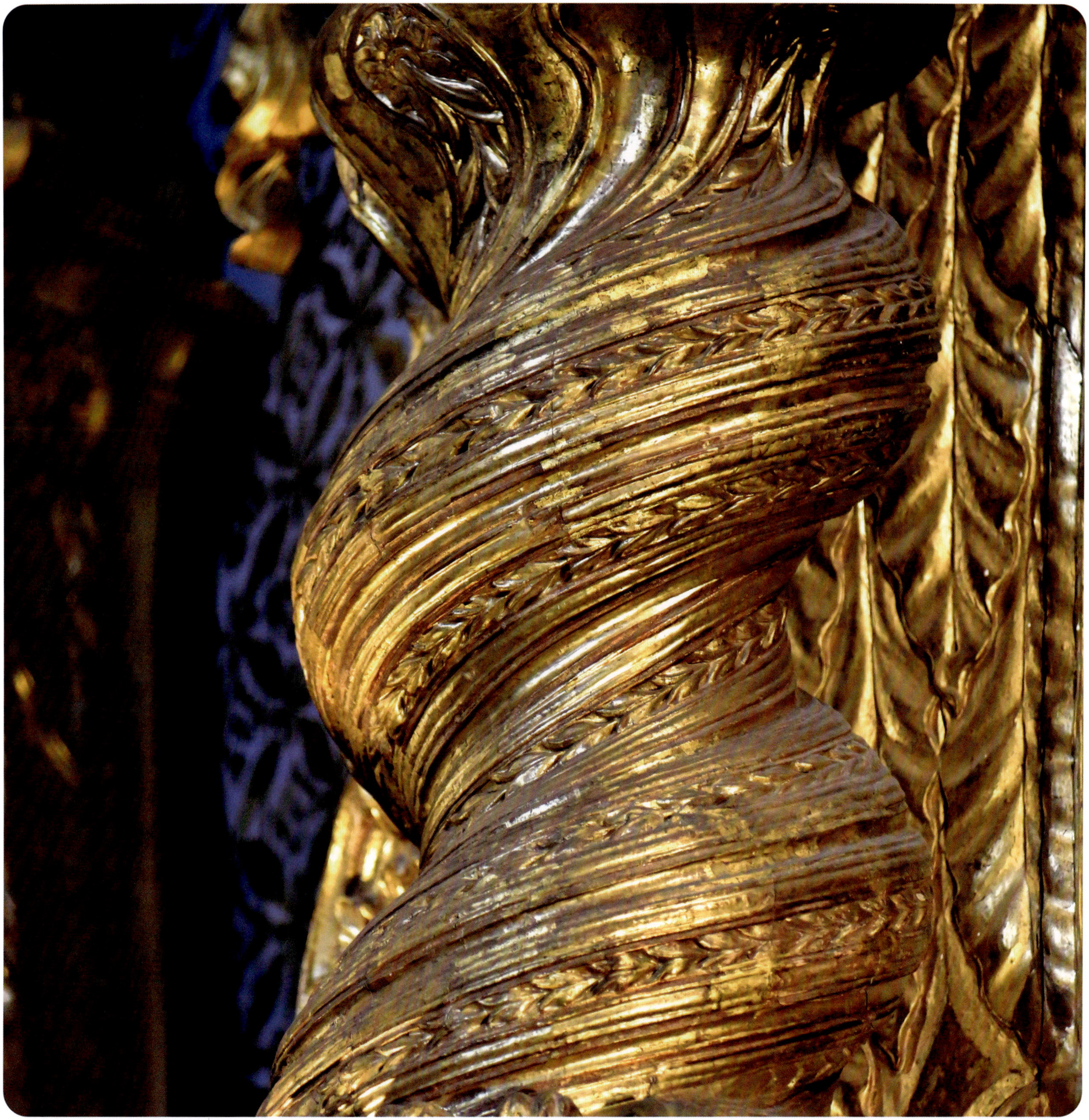

Moqueca de camarão

"A MOQUECA, PRA SER BOA, DEVE SER DE CAMARÃO O TEMPO QUE LEVA É PIMENTA COM LIMÃO."
(Poesia popular)

INGREDIENTES

500 g de camarão fresco sem casca

10 ml de sumo de limão

5 dentes de alho moídos

80 ml de azeite de dendê

1 cebola pequena cortada em meia-lua

2 tomates pequenos cortados em meia-lua

100 ml de leite de coco

1 colher (sopa) de cebolinha picada

2 colheres (sopa) de coentro

1 colher (chá) de sal

MODO DE PREPARO Tempere o camarão com sal, sumo do limão e alho. Em uma panela quente, acrescente o azeite de dendê e refogue a cebola e o tomate até ficarem tenros. Em seguida, acrescente o leite de coco até obter ponto de fervura. Em outra panela bem quente, sele o camarão rapidamente. Incorpore os camarões selados no fundo de dendê e leite de coco e finalize com limão, a cebolinha e o coentro picados. Sirva acompanhado com arroz.

Tempo de preparo
30 a 40 minutos.

Rendimento
10 porções.

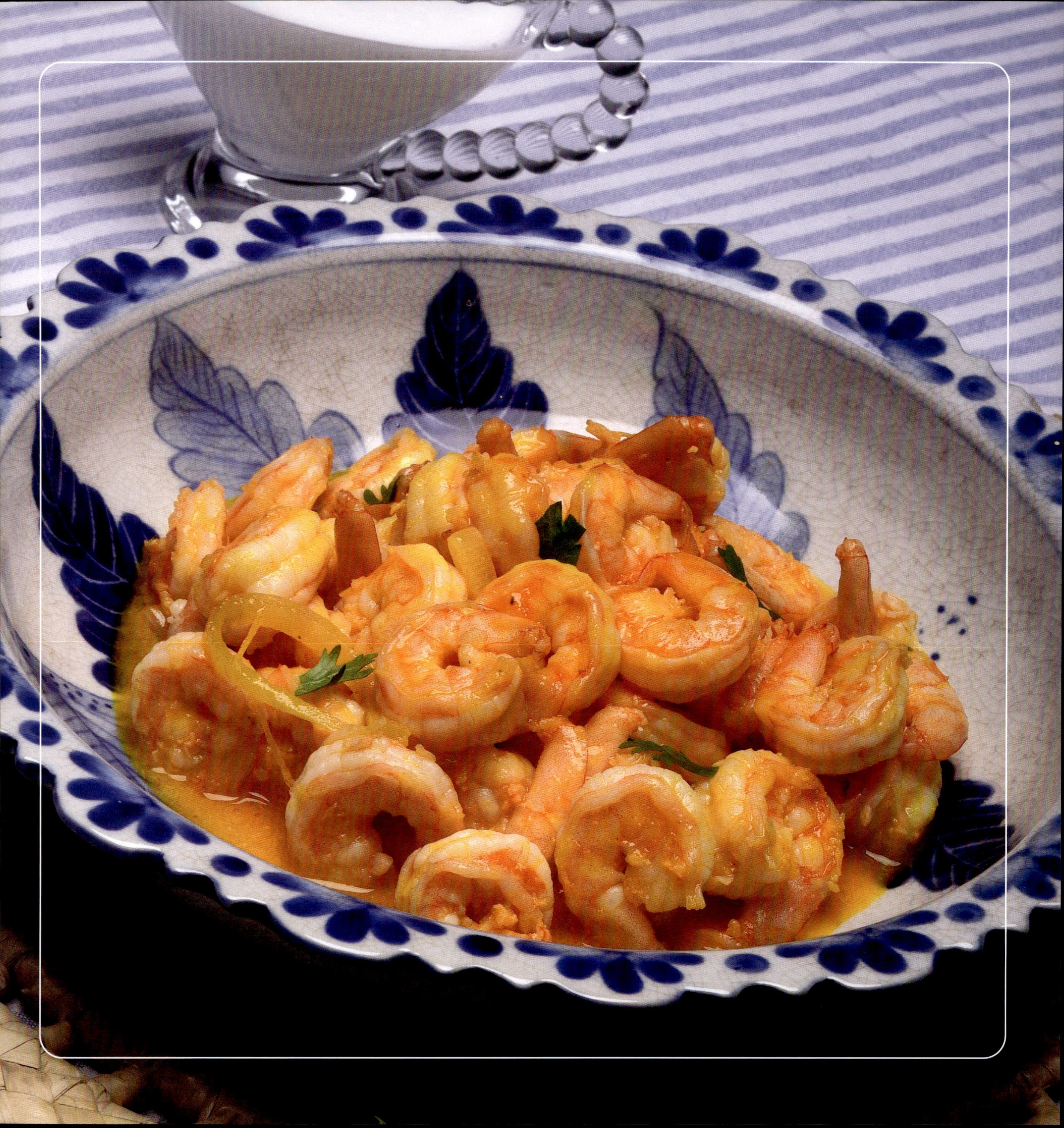

Moqueca de fato

INGREDIENTES

500 g de bucho bovino escaldado

10 ml de sumo de limão

1 colher (sopa) de coentro

5 dentes de alho moídos

1 cebola cortada em meia-lua

2 tomates pequenos cortados em meia-lua

70 ml de leite de coco

30 ml de azeite de dendê

1 colher (chá) de sal

MODO DE PREPARO Corte o bucho escaldado em tiras, lave com uma parte do sumo de limão. Tempere com sal, limão, coentro e alho. Em uma panela funda, adicione à mistura a cebola e o tomate. Acrescente o leite de coco, o azeite de dendê e cozinhe até que o bucho fique macio. Sirva com arroz, farofa amarela, vatapá e caruru.

Tempo de preparo
1 hora a 1 hora e 10 minutos.

Rendimento
8 a 10 porções.

Moqueca de ovos

INGREDIENTES

50 ml de azeite de dendê

2 cebolas médias cortadas em meia-lua

1 dente de alho moído

4 tomates cortados em meia-lua

½ maço de coentro

Sumo de 1 limão

1 pimenta-malagueta moída

50 ml de leite de coco

100 g de camarão seco

12 ovos inteiros

Sal a gosto

MODO DE PREPARO Em uma panela, refogue no azeite de dendê a cebola, o alho, o tomate, o coentro, o sumo de limão, a pimenta-malagueta, o leite de coco e sal. Acrescente o camarão seco e cozinhe por 10 minutos. Adicione os ovos, um a um, nesse refogado com o camarão e deixe cozinhar por 5 minutos. Sirva acompanhado de arroz, farofa amarela, caruru ou vatapá.

Tempo de preparo
20 a 30 minutos.

Rendimento
10 porções.

Moqueca de peixe

INGREDIENTES

1 kg de pescada-amarela ou robalo em postas

Sumo de 4 limões

5 dentes de alho moídos

4 tomates cortados em meia-lua

2 cebolas grandes cortadas em meia-lua

200 ml de leite de coco

160 ml de azeite de dendê

½ maço de cebolinha

½ maço de coentro

1 colher (sopa) de sal

MODO DE PREPARO Lave as postas com uma parte do sumo de limão. Tempere o peixe com sal, alho e a outra parte do sumo de limão. Faça uma "cama" com metade do tomate e da cebola e, por cima dessa base, adicione o peixe. Finalize com o restante da cebola e do tomate por cima do peixe. Em seguida, acrescente o leite de coco e o azeite de dendê e cozinhe por aproximadamente 10 minutos, até que o peixe fique macio. Finalize com o cheiro-verde. Sirva acompanhado de arroz, caruru ou vatapá.

Tempo de preparo
20 a 30 minutos.

Rendimento
6 porções.

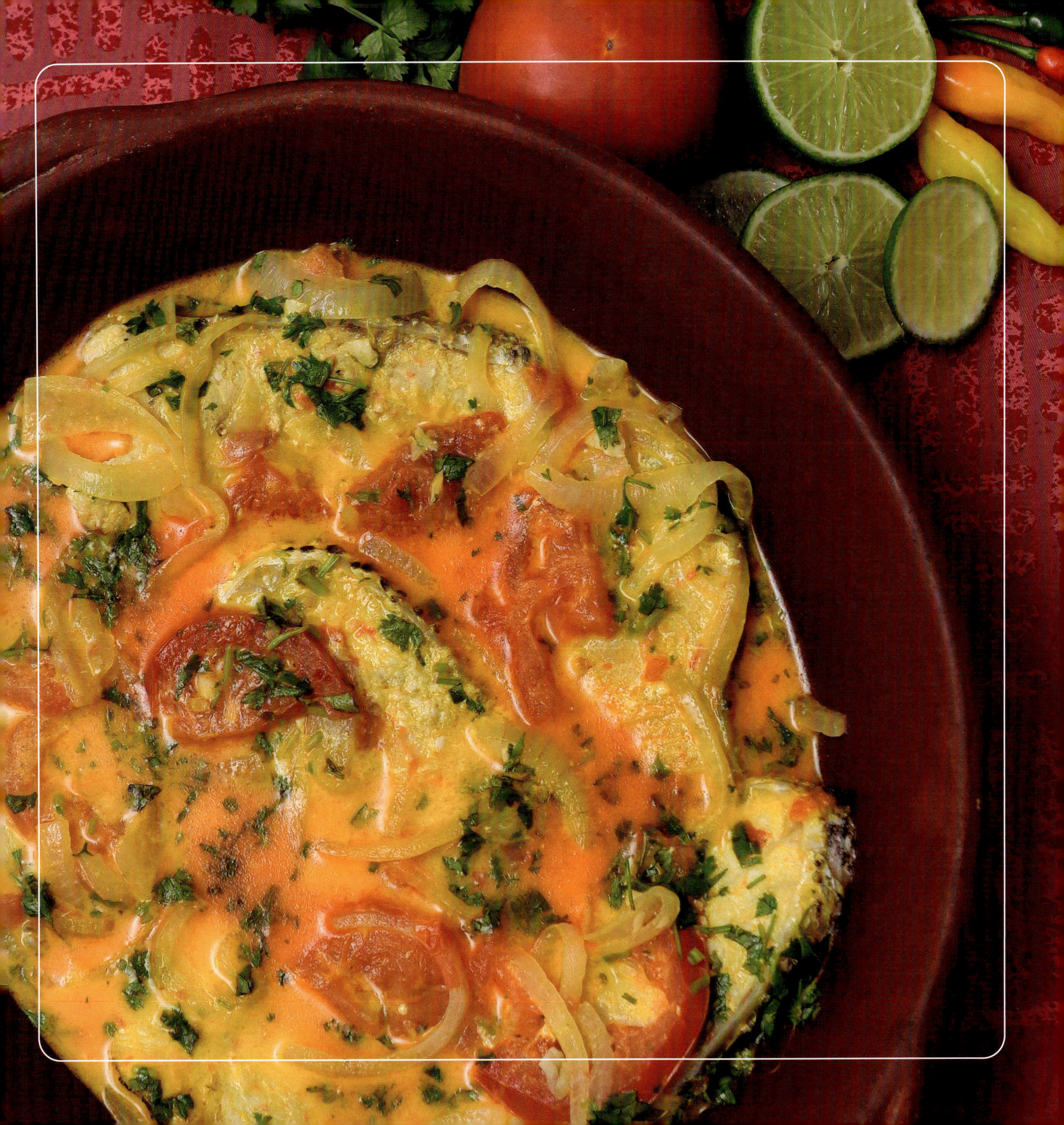

Moqueca de siri catado

INGREDIENTES

500 g de siri catado

2 dentes de alho moídos

Sumo de 1 limão

2 tomates grandes cortados em meia-lua

1 cebola grande cortada em meia-lua

100 ml de leite de coco

50 ml de azeite de dendê

$1/3$ de maço de coentro

$1/3$ de maço de cebolinha

½ colher (chá) de sal

MODO DE PREPARO Cate e tempere o siri com alho, sal e limão. Misture com o tomate e a cebola, e reserve. Em uma panela funda, adicione à mistura o leite de coco e o azeite de dendê, e deixe cozinhar por 10 minutos. Finalize com cheiro-verde e sumo de limão. Sirva acompanhado de arroz, farofa amarela, caruru ou vatapá.

Tempo de preparo
20 a 30 minutos.

Rendimento
10 porções.

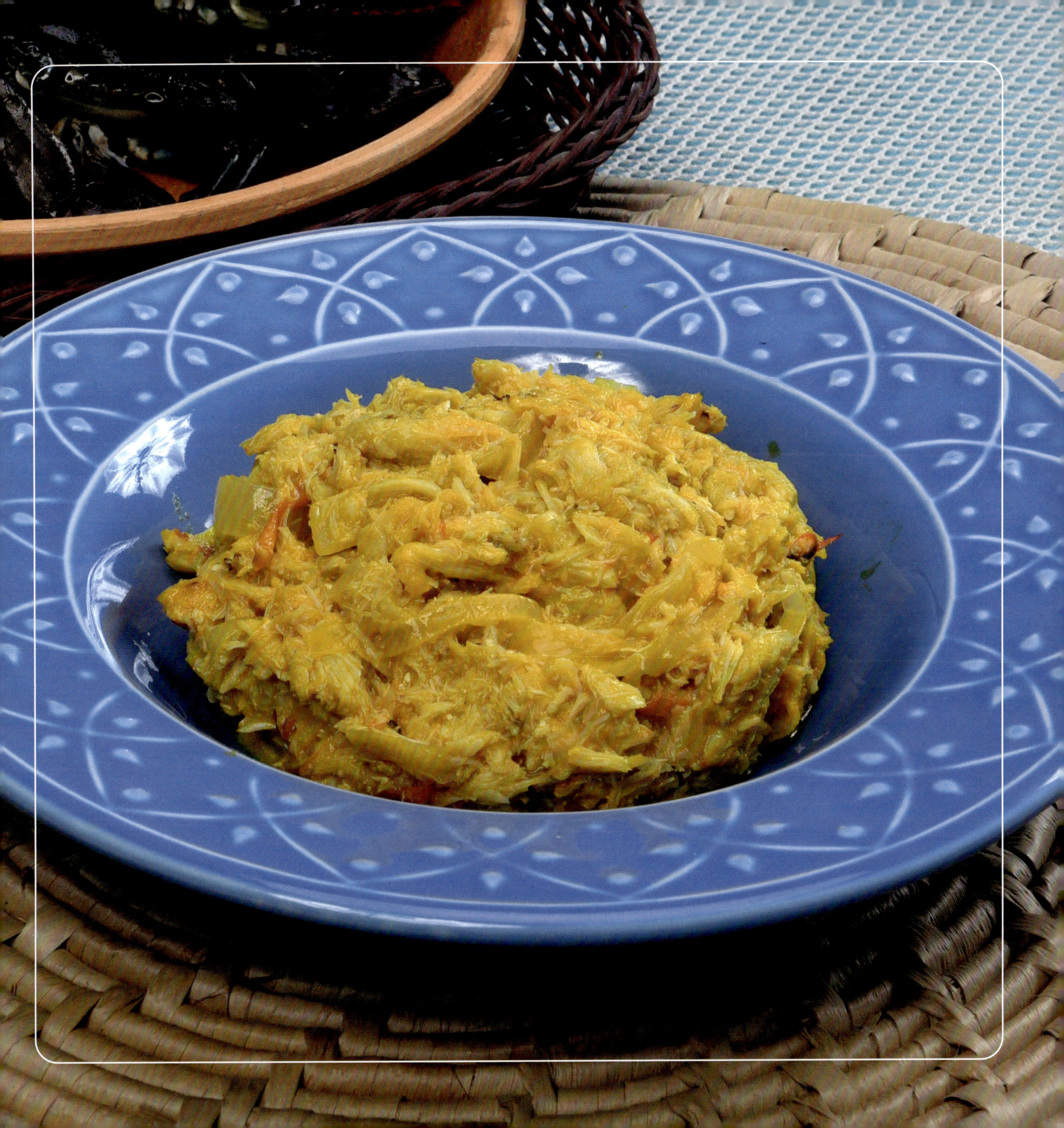

Moqueca de sururu

INGREDIENTES

500 g de sururu

Sumo de 1 limão

2 dentes de alho moídos

2 tomates grandes cortados em meia-lua

1 cebola grande cortada em meia-lua

100 ml de leite de coco

50 ml de azeite de dendê

1/3 de maço de coentro

1/3 de maço de cebolinha

½ colher (chá) de sal

MODO DE PREPARO Cate e lave bem o sururu com uma parte do sumo de limão. Tempere o sururu com alho, sal e a outra parte do caldo do limão. Misture com tomate e cebola e reserve. Coloque a mistura em uma panela funda, adicione o leite de coco e o azeite de dendê e cozinhe por 20 minutos. Finalize com cheiro-verde. Sirva acompanhado de arroz, farofa amarela, caruru ou vatapá.

Tempo de preparo
30 a 40 minutos.

Rendimento
10 porções.

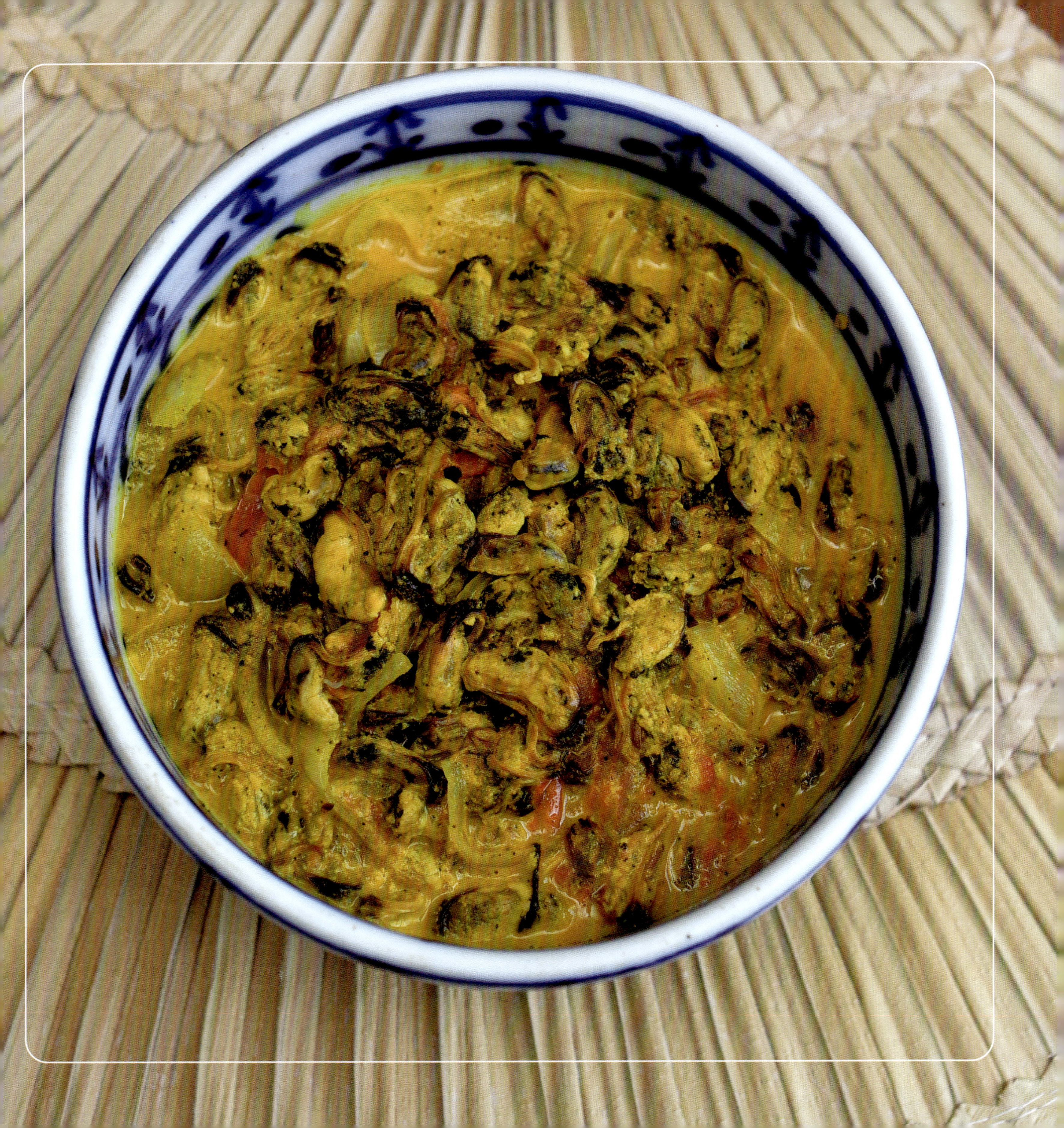

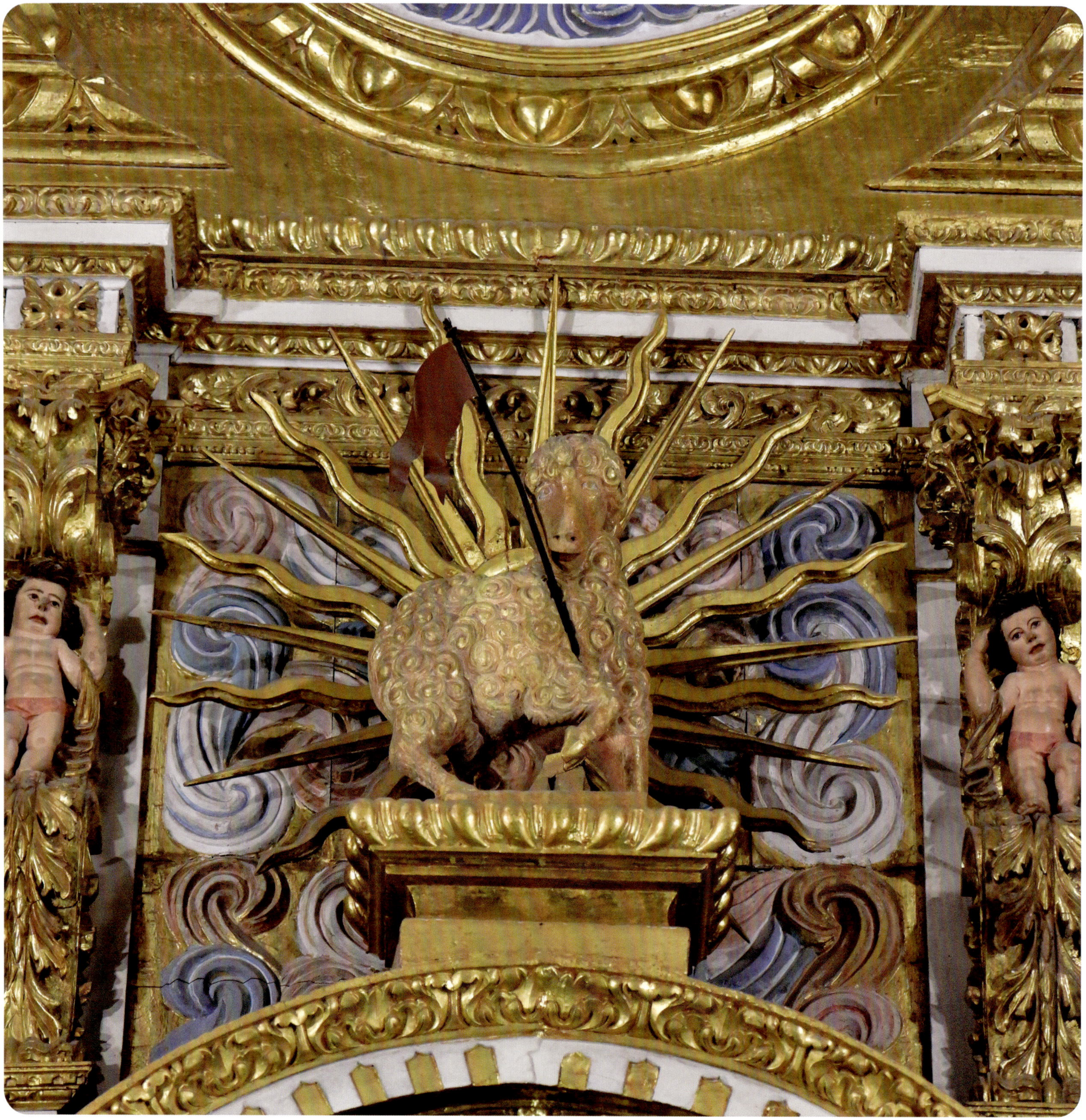

Paçoca de carne-seca

A farinha boa, do ponto, seca, de cheiro sedutor, é importante ingrediente para as misturas de carne, podendo ser consumida com rapadura, feijão-tropeiro, banana. A paçoca de carne-seca é outro prato dos viajantes, tradicional nos sertões do Brasil.

INGREDIENTES

400 g de charque

60 ml de óleo

2 cebolas grandes moídas

400 g de farinha de mandioca

MODO DE PREPARO Dessalgue o charque, passe por um processador e reserve. Em uma panela bem quente, acrescente o óleo e refogue o charque até dourar. Logo após, acrescente a cebola e refogue. Por fim, coloque a farinha de mandioca e toste até o ponto desejado. Sirva com banana.

Tempo de preparo
15 minutos.

Rendimento
6 porções.

Peixe ao leite de coco

INGREDIENTES

1,8 kg de robalo ou pescada-amarela em postas

Sumo de 3 limões

1 maço de coentro

7 dentes de alho moídos

4 cebolas médias cortadas em cubos médios

6 tomates grandes cortados em cubos médios

3 pimentões verdes cortados em cubos médios

500 ml de leite de coco

3 colheres (sopa) de extrato de tomate

20 ml de azeite de oliva

½ maço de cebolinha

1 colher (sopa) de sal

MODO DE PREPARO Limpe e lave com limão as postas de peixe. Tempere com sal, uma parte do coentro, limão e alho. Em um recipiente, misture o peixe, o leite de coco, o extrato de tomate, o azeite de oliva, a cebola, o tomate e o pimentão. Deixe descansar por alguns minutos e leve ao fogo para cozinhar por 10 minutos. Finalize com cheiro-verde. Sirva acompanhado de arroz ou batata cozida.

Tempo de preparo
20 a 30 minutos.

Rendimento
10 porções.

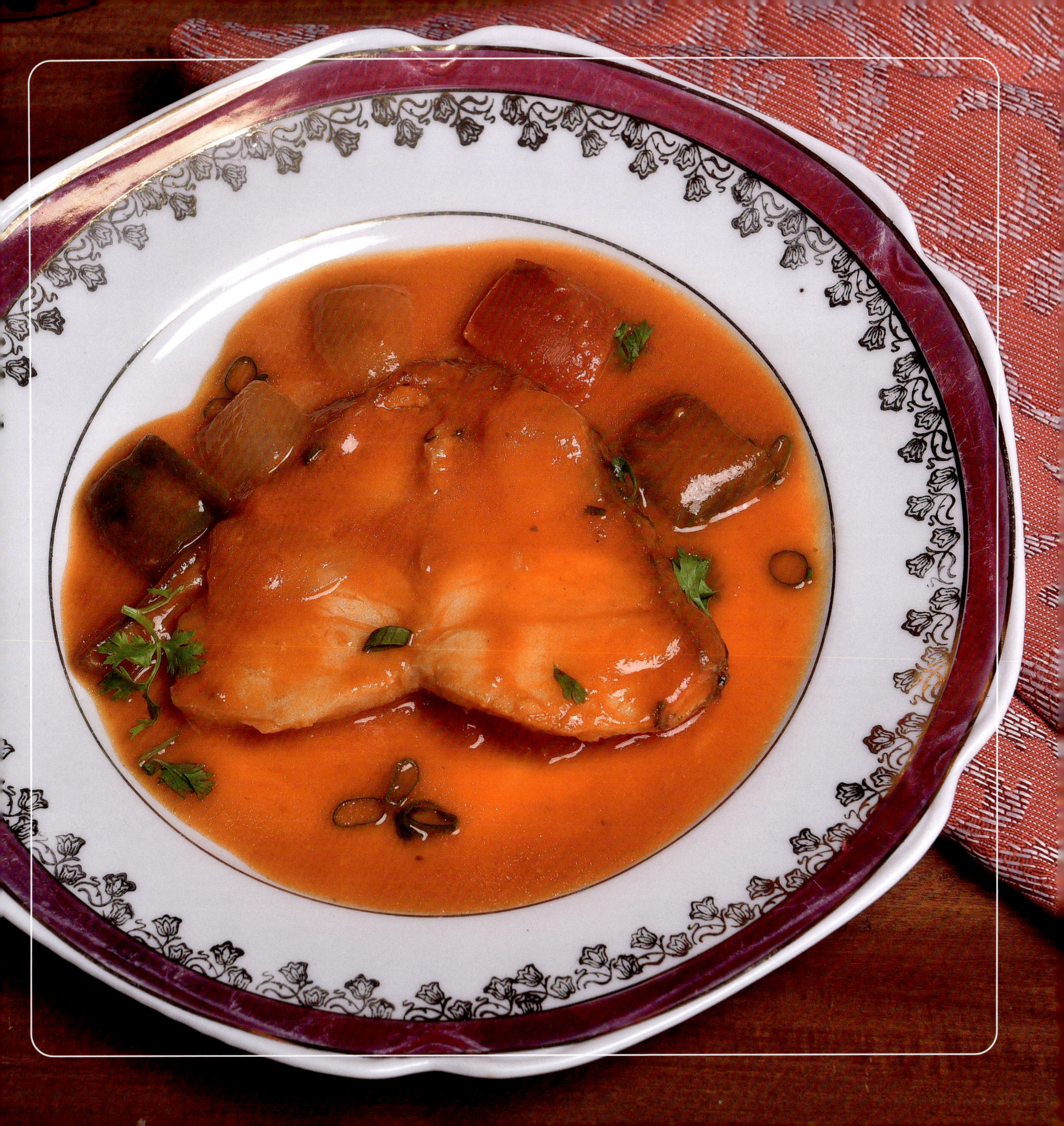

Quiabada

INGREDIENTES

400 g de charque cortado em cubos médios

300 g de toucinho branco cortado em cubos médios

400 g de cruz machado cortado em cubos médios

5 dentes de alho moídos

2 cebolas grandes picadas

2 pimentões verdes picados

4 tomates grandes picados

50 g de extrato de tomate

1/3 colher (chá) de pimenta-do-reino

200 g de linguiça calabresa cortada em cubos médios

400 g de quiabo cortado em rodelas

80 g de camarão seco sem cabeça e cauda

½ maço de hortelã picado

Sal a gosto

MODO DE PREPARO Dessalgue o charque. Em uma panela grande, refogue o charque com o toucinho branco, o cruz machado, o alho, a cebola, o pimentão, o tomate e o extrato de tomate. Acrescente a pimenta-do-reino e água suficiente para cozinhar as carnes. Quando as carnes estiverem quase cozidas, adicione a linguiça calabresa, o quiabo, o camarão seco e a hortelã. Ajuste o sal. Sirva com arroz branco.

Tempo de preparo
1 hora e 40 minutos a 2 horas.

Rendimento
10 porções.

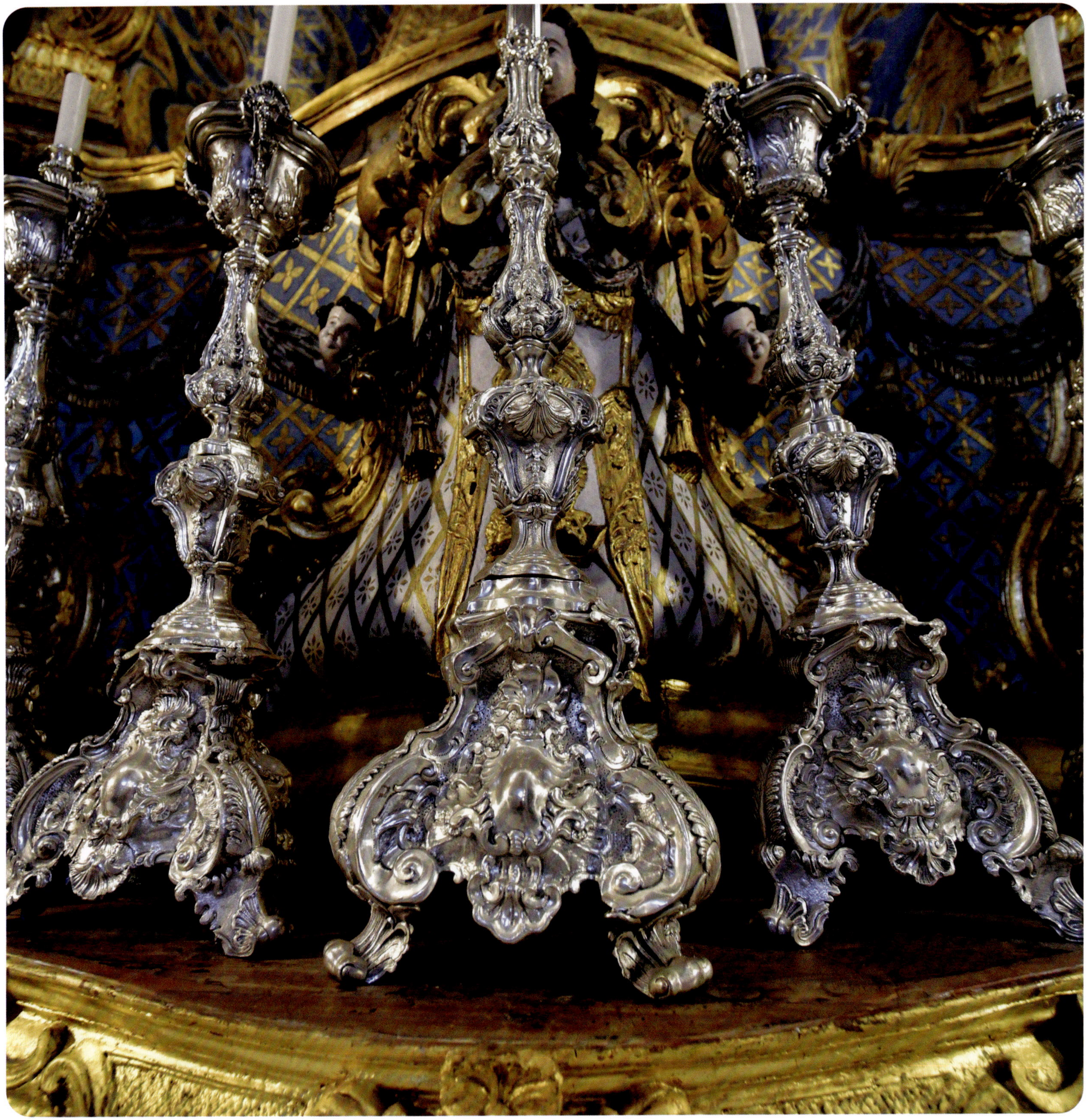

Quibebe

Quibebe (do quimbundo, *kibebe*) é uma papa de abóbora com inclusão de carne-seca. Outras variantes têm leite de vaca, camarão seco, entre outros.

INGREDIENTES

400 g de charque cortado em cubos médios

400 g de bacon cortado em cubos médios

400 g de cruz machado cortado em cubos médios

5 dentes de alho moídos

2 cebolas médias picadas

1 pimentão verde picado

4 tomates picados

50 g de extrato de tomate

1 colher (chá) de pimenta-do-reino

200 g de linguiça calabresa cortada em cubos médios

400 g de abóbora cabotiá cortada em cubos médios

1 colher (sopa) de hortelã picada

Sal a gosto

MODO DE PREPARO Dessalgue o charque para retirar o sal. Em uma panela grande, refogue o charque com o bacon, o cruz machado, o alho, a cebola, o pimentão, o tomate e o extrato de tomate. Acrescente a pimenta-do-reino e água suficiente para cozinhar as carnes. Quando a carne estiver quase cozida, adicione a linguiça calabresa, a abóbora e a hortelã. Ajuste o sal. Sirva com arroz branco.

Tempo de preparo
1 hora e 40 minutos a 2 horas.

Rendimento
15 a 20 porções.

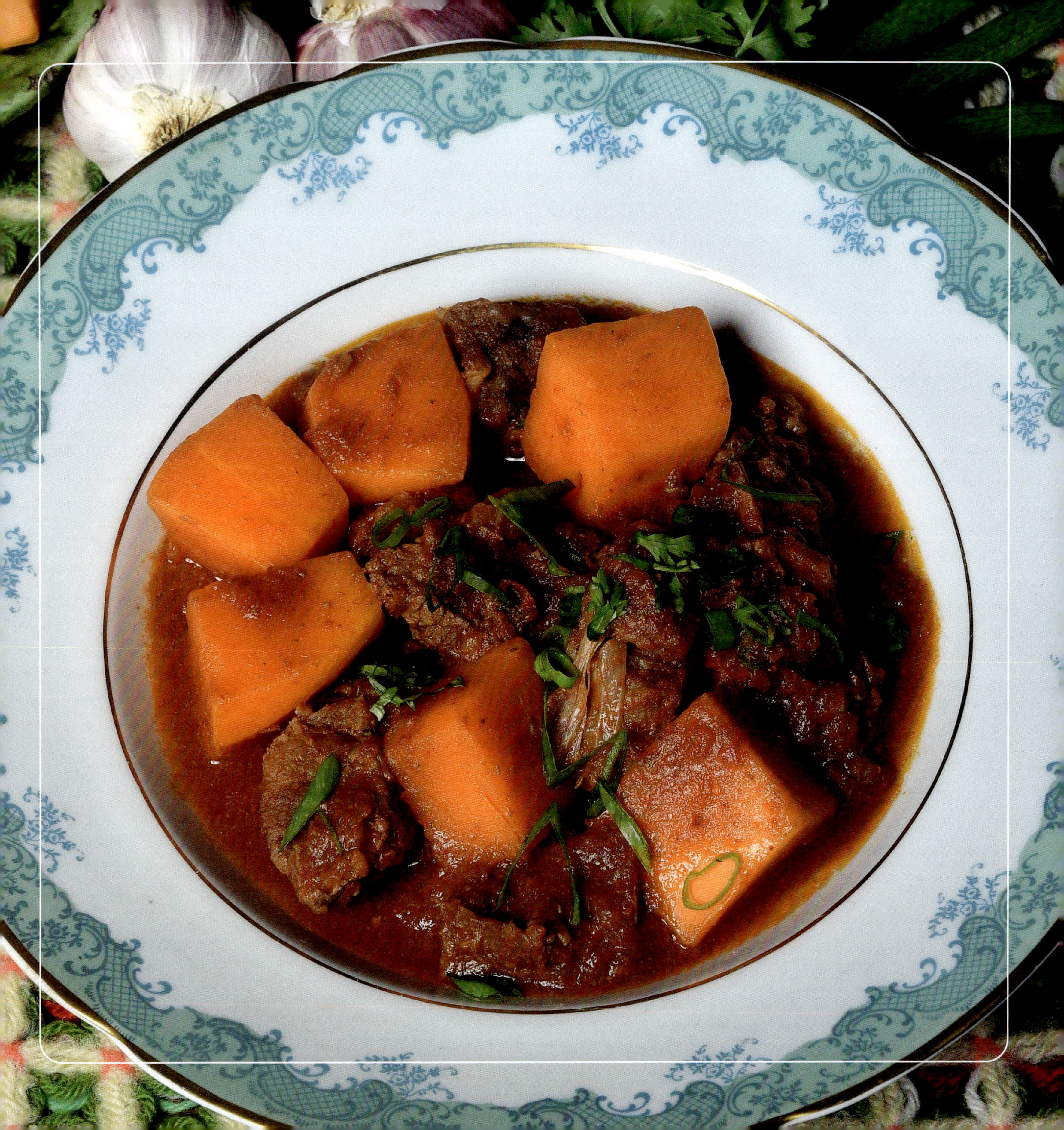

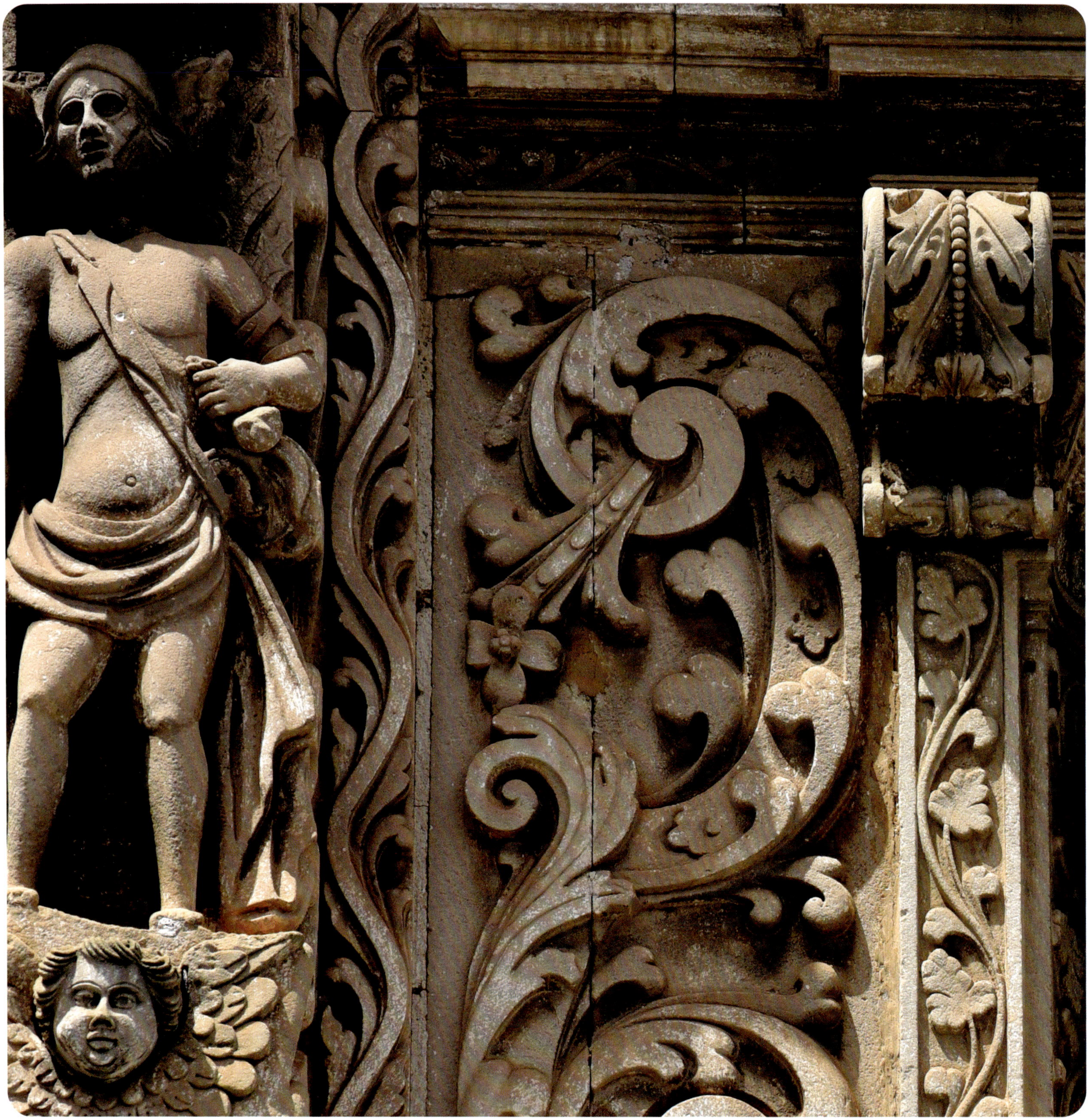

Rabada

"DA PESCADA A RABADA, FRESCA QUE NÃO SALGADA."

INGREDIENTES

1 kg de rabada limpa

½ colher (chá) de pimenta-do-reino

1 colher (chá) de sal

20 ml de óleo

50 g de bacon

4 dentes de alho moídos

1 cebola grande picada

1 pimentão verde médio picado

2 tomates grandes picados

100 g de extrato de tomate

5 folhas de louro

½ maço de hortelã picado

MODO DE PREPARO Corte a rabada nas juntas e tempere com sal e pimenta-do-reino. Em uma panela funda, aqueça o óleo e refogue o bacon, o alho, a cebola, o pimentão, o tomate e o extrato de tomate. Adicione as folhas de louro e água e cozinhe por 2 horas, até a carne da rabada soltar do osso. Finalize com hortelã. Sirva com pirão e arroz branco (o feijão é opcional).

Tempo de preparo
2 horas e 20 minutos a
2 horas e 40 minutos.

Rendimento
10 porções.

Sarapatel

"POR SÃO LUCAS, MATA TEUS PORCOS E TAPA TUAS CUBAS."
(Provérbio português)

O sarrabulho, prato da culinária portuguesa, é talvez um ancestral do sarapatel baiano, já que há elementos em comum entre os dois pratos: tripas, miúdos e sangue do porco. Na iguaria portuguesa, a receita é temperada com cravo-da-índia.

O consumo do sarapatel é festivo, e o prato pode ser encontrado nas bancas e barracas de feiras populares da Bahia, sendo indispensáveis pimenta, limão e farinha branquinha – a "farinha do Recôncavo" – para acompanhar.

INGREDIENTES

- 500 g de miúdos de porco
- 2 limões
- 160 ml de sangue de porco
- 10 ml de óleo
- 2 dentes de alho moídos
- 1 cebola grande picada
- 1 pimentão verde picado
- 2 tomates grandes picados
- 10 g de extrato de tomate
- ½ colher (chá) de pimenta-do-reino
- 2 folhas de louro
- ½ maço de hortelã
- ½ colher (chá) de pimenta-de-cheiro picada
- 1 colher (chá) de sal

MODO DE PREPARO Lave os miúdos com limão e escalde-os. Corte os miúdos e reserve o sangue. Aqueça uma panela, acrescente o óleo e refogue o alho, a cebola, o pimentão, o tomate, o extrato de tomate e a pimenta-do-reino. Adicione os miúdos e as folhas de louro, e deixe cozinhar com um pouco de água por aproximadamente 1 hora e 20 minutos. Acrescente o sangue, a hortelã, o sal e a pimenta-de-cheiro. Cozinhe por mais 20 minutos. Sirva com farinha de mandioca.

Tempo de preparo
1 hora e 40 minutos a
2 horas e 20 minutos.

Rendimento
6 a 8 porções.

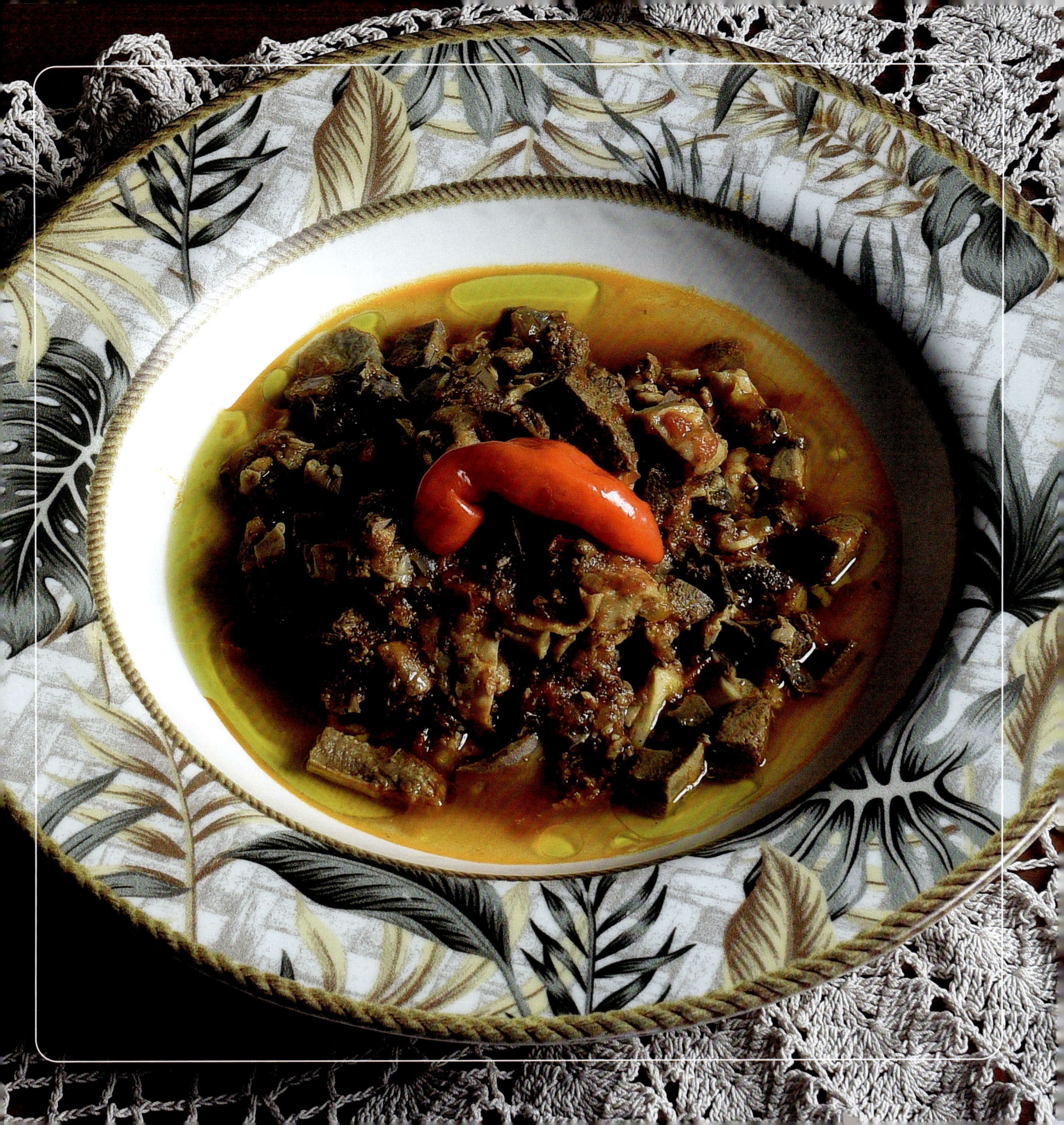

Vatapá

A base tradicional do vatapá é o aproveitamento do pão de trigo. O vatapá é uma das muitas receitas de aproveitamento de ingredientes que integram o cardápio da Bahia. A partir da "açôrda" portuguesa, com o acréscimo de azeite de dendê, camarões, peixe, gengibre e outros ingredientes, o vatapá é uma das comidas mais emblemáticas da identidade alimentar baiana. Peixes, frescos e secos, com destaque para o bacalhau, integram essa receita, que também pode ser feita com galinha, carne fresca ou "verde", ou carne de porco.

INGREDIENTES

500 g de pão de sal amanhecido

200 ml de leite de coco

1 litro de caldo de peixe

200 ml de azeite de dendê

40 g de camarão seco inteiro (limpo)

3 cebolas grandes raladas

200 g de camarão seco moído

60 g de castanha-de-caju torrada, descascada e moída

60 g de amendoim torrado, descascado e moído

1 colher (sopa) de gengibre ralado

Sal a gosto

MODO DE PREPARO Umedeça o pão amanhecido com o leite de coco e metade do caldo de peixe. Processe até formar um creme. Reserve. Aqueça uma panela, refogue no azeite de dendê o camarão seco inteiro e a cebola. Acrescente o creme de pão ao refogado. Regue o creme com o restante do caldo de peixe até ficar cozido e com cor dourada. Finalize com o camarão moído, a castanha-de-caju, o amendoim e o gengibre. Cozinhe até a massa ficar com uma consistência pastosa e soltando da panela. Acerte o sal e decore com camarão seco inteiro. É um ótimo acompanhamento para moqueca de peixe e xinxim de galinha.

Tempo de preparo
1 hora a 1 hora e 20 minutos.

Rendimento
20 porções.

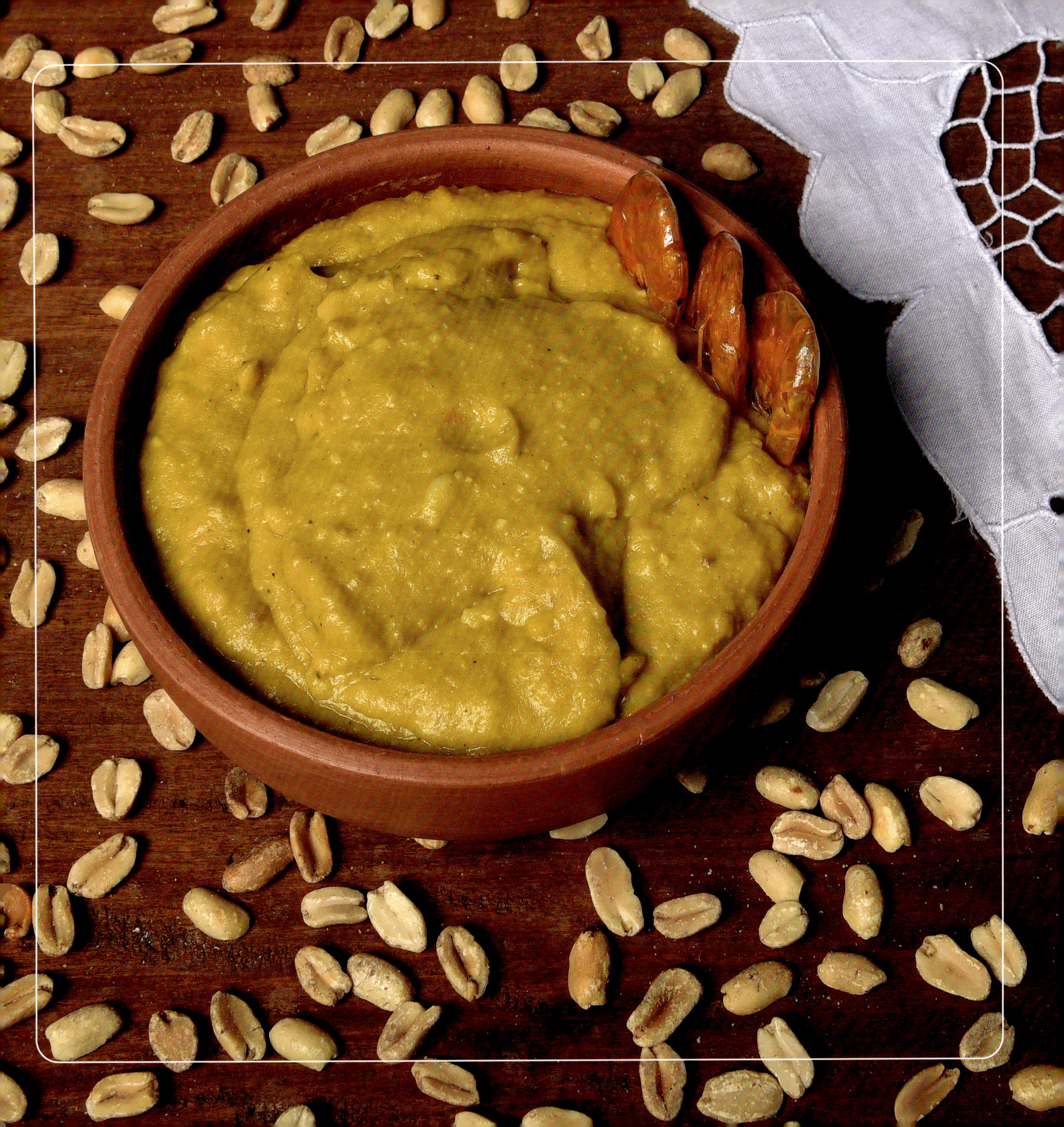

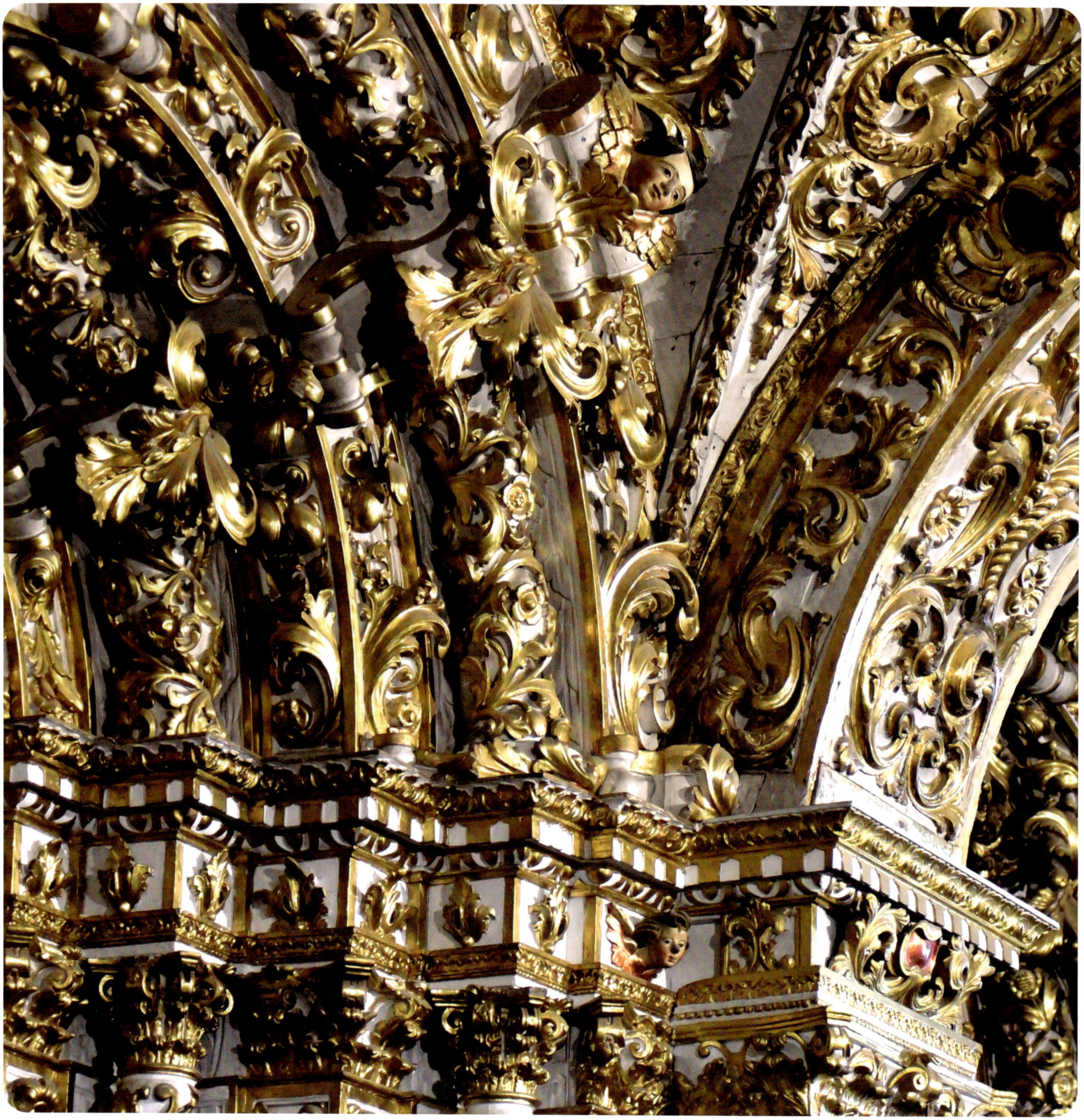

Xinxim de bofe

INGREDIENTES

50 ml de azeite de dendê

3 dentes de alho moídos

1 cebola grande ralada

50 g de camarão seco moído

20 g de camarão seco inteiro descascado

20 g de castanha-de-caju moída

500 g de bofe escaldado e moído

20 g de amendoim descascado moído

50 ml de leite de coco

⅓ de maço de coentro

⅓ de maço de cebolinha

1 colher (chá) de sal

MODO DE PREPARO Refogue no azeite de dendê o alho, a cebola, o camarão seco inteiro e moído, a castanha-de-caju e o bofe. Acrescente o leite de coco e mexa bastante até cozinhar (aproximadamente 1 hora). Acrescente o amendoim e cozinhe por mais 15 minutos. Finalize com coentro e cebolinha. Sirva com farinha de mandioca ou arroz branco.

Tempo de preparo
1 hora e 20 minutos a 1 hora e 40 minutos.

Rendimento
10 porções.

Xinxim de galinha

INGREDIENTES

1 kg de galinha

1 colher (sopa) de gengibre ralado

5 dentes de alho moídos

100 ml de azeite de dendê

40 g de camarão seco moído

1 cebola grande picada

40 g de camarão seco inteiro

40 g de castanha-de-caju torrada, descascada e moída

40 g de amendoim torrado, descascado e moído

⅓ de maço de coentro

⅓ de maço de cebolinha

1 colher (chá) de sal

MODO DE PREPARO Corte a galinha em pedaços nas juntas, lave com vinagre, tempere com sal, metade do gengibre e alho. Reserve. Refogue no azeite de dendê o camarão seco moído, a cebola e a galinha. Deixe cozinhar em fogo baixo até ficar macia. Durante o cozimento, acrescente o camarão seco inteiro, a castanha-de-caju e o amendoim. Ajuste o sal. Finalize com o restante do gengibre, o coentro e a cebolinha. Sirva com arroz.

Tempo de preparo
40 a 50 minutos.

Rendimento
10 porções.

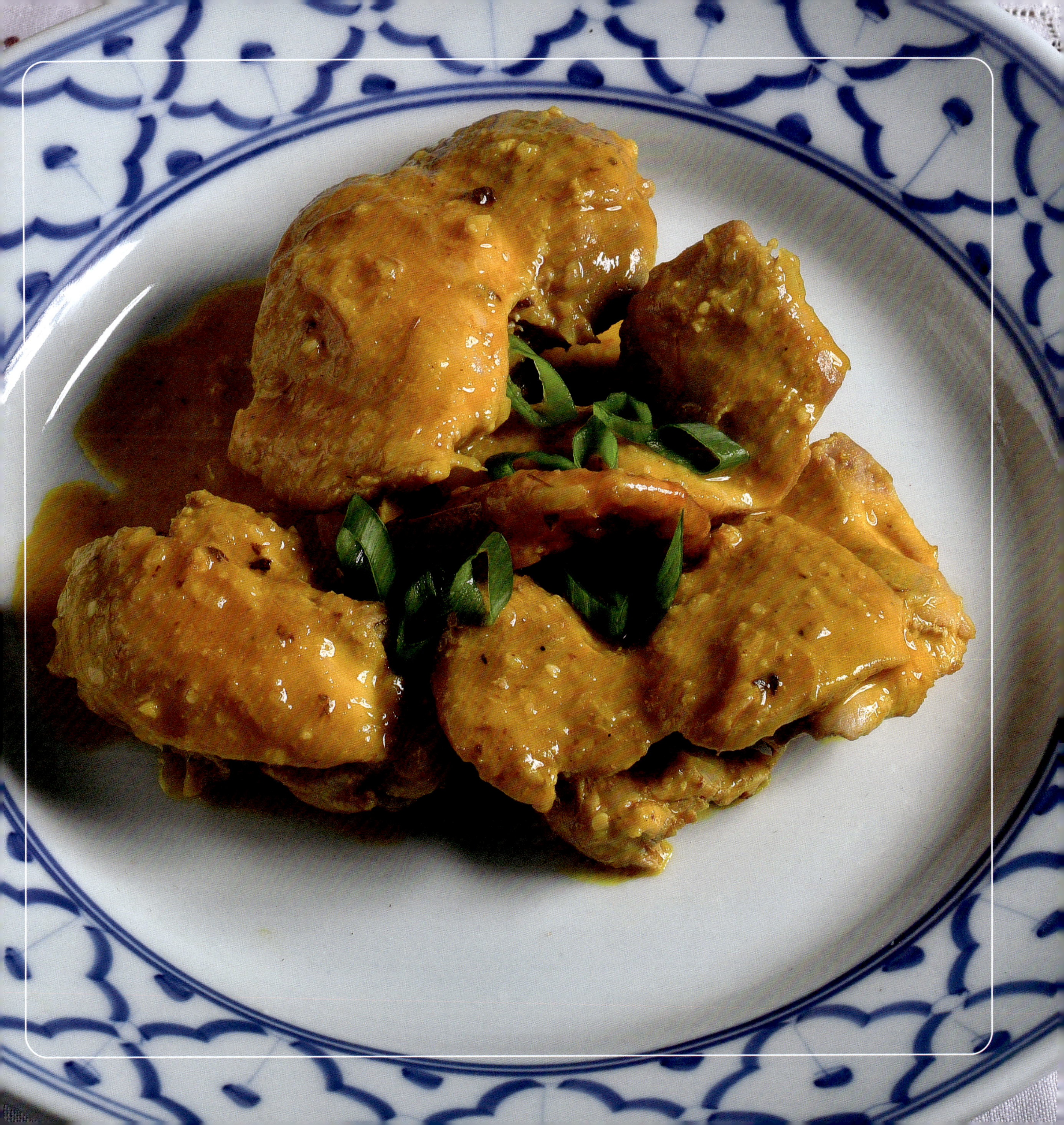

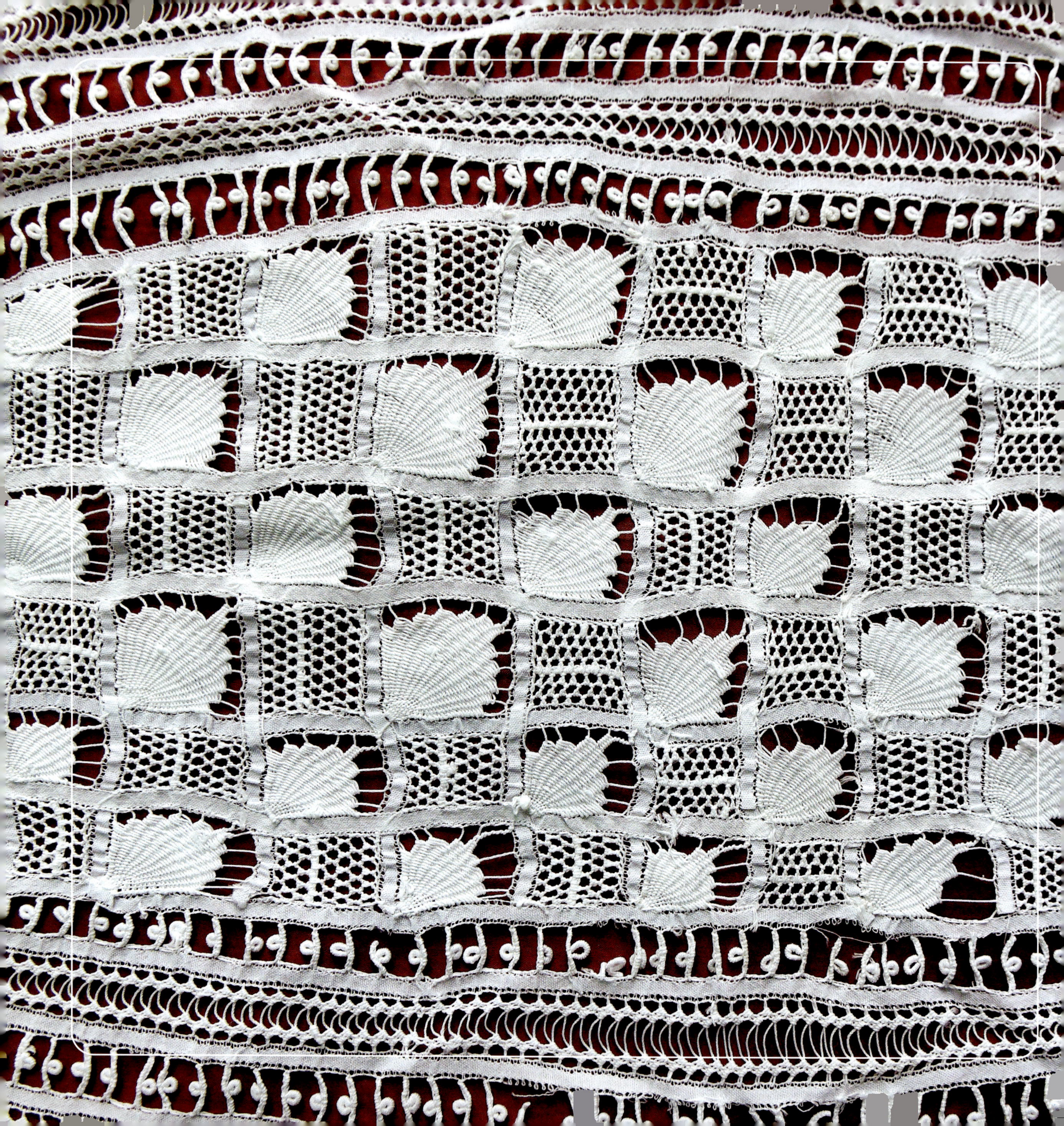

PRATOS DOCES

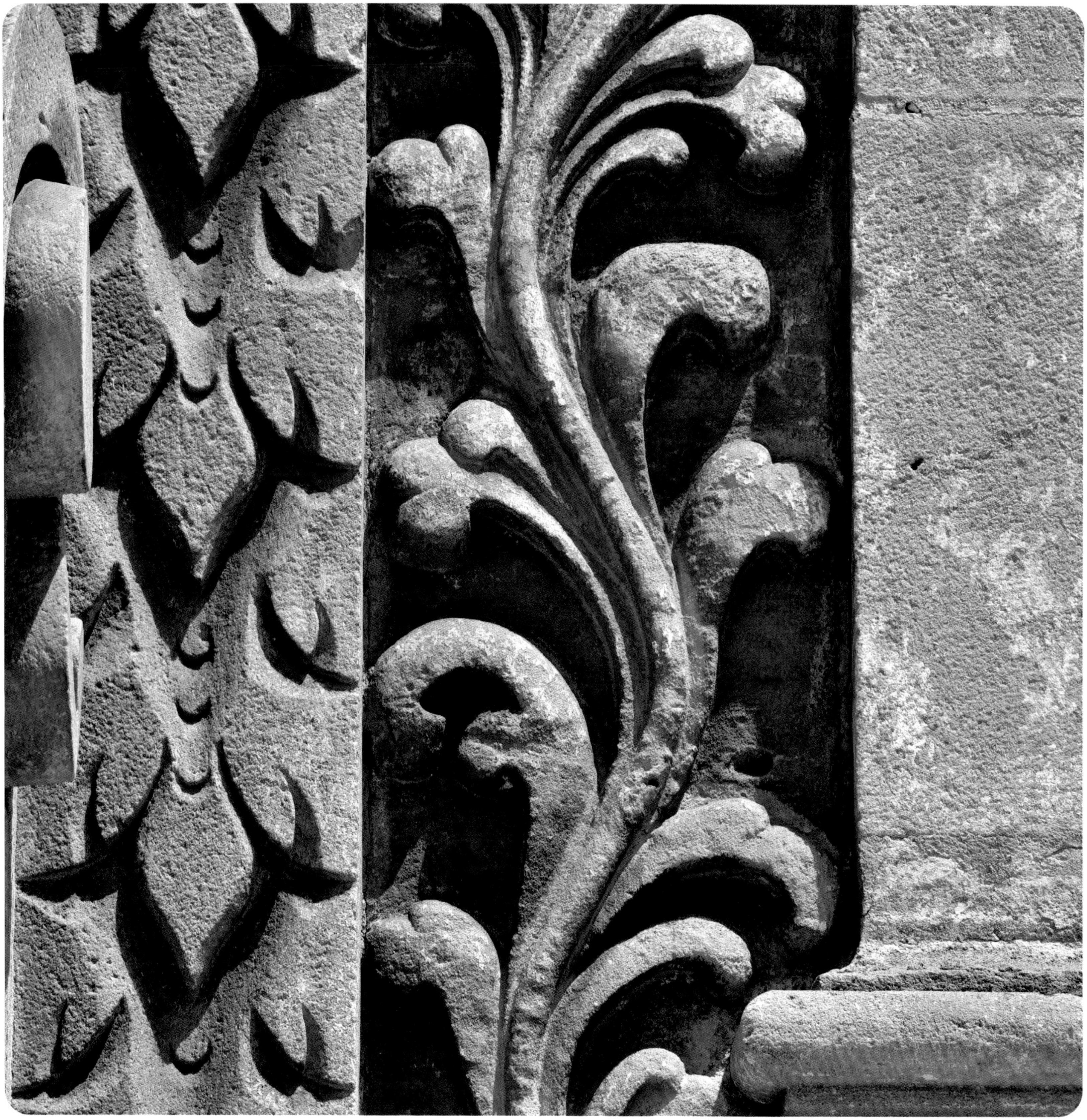

Baba de moça

"PARTIU-SE O COCO?
QUERO UM PEDAÇO
EU FICO COM LEITE,
VOCÊ COM O BAGAÇO."

Baba de moça foi o doce em calda favorito do Segundo Império. Permanente nas compoteiras de vidro verde do Palácio Isabel. Os netos do Imperador adoravam essa sobremesa. Era o modelo dos doces inocentes, para todos os paladares. Sobremesa que a Princesa Isabel fazia para o marido, o Conde d'Eu, sabidamente apreciador. Comparecia nas mesas elegantes, em fila artística, desafiando o apetite de parlamentares e poetas de cabeleira merovíngia. Era o doce de José de Alencar. Fino, leve, perfumado, insubstituível nos jantares da aristocracia rural. Mereceu grandes artistas para sua elaboração, difícil e fácil, na pessoa das damas de alto coturno da sociedade antiga.

Câmara Cascudo, *História da alimentação no Brasil*.

INGREDIENTES

250 ml de água filtrada

500 g de açúcar refinado

15 gemas

250 ml de leite de coco

1 colher (sopa) de essência de baunilha

MODO DE PREPARO Em uma panela, adicione a água e o açúcar e leve ao fogo até se obter uma calda grossa. Em outro recipiente, misture as gemas com o leite de coco e a essência de baunilha. Passe a mistura em uma peneira ou chinois. Acrescente a mistura das gemas à panela, misture e cozinhe em banho-maria até espessar levemente.

Tempo de preparo
20 a 30 minutos.

Rendimento
10 porções.

Bolinho de estudante

INGREDIENTES

250 g de tapioca granulada

150 g de açúcar

100 g de coco ralado

300 ml de água

200 ml de leite de coco

½ colher (chá) de sal

1 litro de óleo para fritura

Canela em pó a gosto

MODO DE PREPARO Em um recipiente, misture a tapioca, 50 g do açúcar e os demais ingredientes. Deixe descansar por aproximadamente 30 minutos ou até que a tapioca esteja totalmente hidratada. Divida a massa em pequenas porções e mode-le-as em formato de bolinho. Preaqueça o óleo, frite os bolinhos e, em seguida, deixe escorrer em papel-toalha até que fiquem secos. Sirva os bolinhos polvilhados com uma mistura do açúcar restante e canela em pó a gosto.

Tempo de preparo
40 minutos a 1 hora.

Rendimento
20 porções.

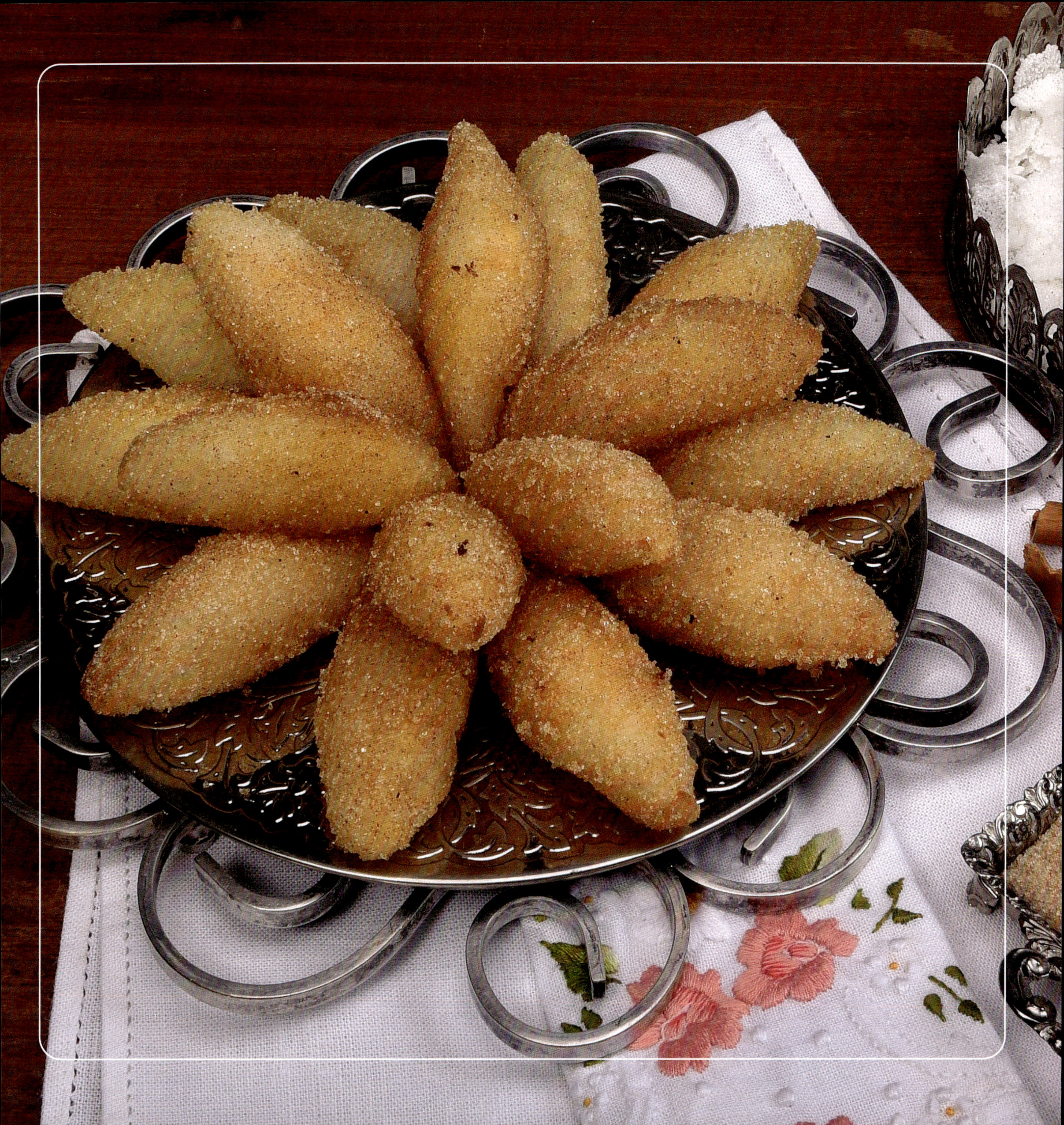

Bolo de aipim

INGREDIENTES

1 kg de massa de aipim (aipim ralado ou batido no liquidificador)

200 g de açúcar cristal

500 ml de leite de coco

3 colheres (sopa) de manteiga derretida

3 colheres (sopa) de coco ralado

1 gema

1 colher (chá) de sal

MODO DE PREPARO Preaqueça o forno a 200 °C. Coloque o aipim numa vasilha e acrescente 150 g de açúcar, 300 ml de leite de coco, metade do sal e os demais ingredientes, misturando bem até formar um creme. Unte uma fôrma ou assadeira com manteiga. Leve ao forno e asse por 50 minutos a 1 hora e 20 minutos. Em um recipiente, misture o restante do leite de coco, do açúcar e do sal. Regue o bolo constantemente com essa mistura enquanto estiver assando.

Tempo de preparo
1 hora a 1 hora e 30 minutos.

Rendimento
15 a 20 porções.

Bolo de carimã

"SÃO FARTAS AS NOSSAS TERRAS DE PALMITOS, GUARIROBAS, COROÁ CHEIROSO, TAIOBAS, E BOLOS DE CARIMÃS.

DESTES BOLINHOS, MARÍLIA, USAM MUITO AQUELES POVOS, FAZENDO MINGAU COM OVOS, QUASE TODAS AS MANHÃS."

[Joaquim José Lisboa, *Descrição curiosa das principais produções, rios e animais do Brasil, principalmente da Capitania de Minas Gerais* (1804)]

INGREDIENTES

- 500 g de carimã
- 300 ml de leite de coco
- 150 g de açúcar
- 1 gema
- 3 colheres (sopa) de coco ralado
- 3 colheres (sopa) de manteiga derretida
- 300 ml de água filtrada
- ½ colher (chá) de sal

MODO DE PREPARO Preaqueça o forno a 200 °C. Passe o carimã na peneira e coloque em um saco de pano. Lave em água corrente e espreme todo o líquido. Misture o carimã em uma vasilha com 150 ml de leite de coco, 100 g de açúcar, metade do sal e os demais ingredientes até formar uma massa cremosa. Unte com manteiga uma fôrma ou assadeira. Despeje a massa nesse recipiente e leve ao forno para assar por 30 a 40 minutos. Em outro recipiente, misture o restante do leite de coco, do açúcar e do sal e regue o bolo em intervalos regulares enquanto estiver assando.

Tempo de preparo
1 hora a 1 hora e 20 minutos.

Rendimento
15 a 20 porções.

Bolo de milho

"NO PILÃO QUE EU PISO MILHO, PINTO NÃO COME XERÉM."

INGREDIENTES

4 ovos inteiros

150 g de açúcar

9 colheres (sopa) de manteiga

200 g de farinha de trigo

150 g de fubá de milho

1 colher (sopa) rasa de fermento químico em pó

400 ml de leite de coco

MODO DE PREPARO Preaqueça o forno a 150 °C. Separe as claras das gemas e bata as claras até ficarem em ponto de neve. Reserve. Agora, na batedeira, bata o açúcar com a manteiga até formar um creme. Acrescente as gemas e misture. Adicione os ingredientes secos ao creme batido e misture. Acrescente o leite de coco e misture. Por último, adicione as claras em neve, misturando delicadamente para não perder o ar incorporado a elas. Leve ao forno em assadeira untada com manteiga e polvilhada com farinha de trigo. Asse por 30 a 40 minutos.

Tempo de preparo
1 hora e 20 minutos a
1 hora e 30 minutos.

Rendimento
15 a 20 porções.

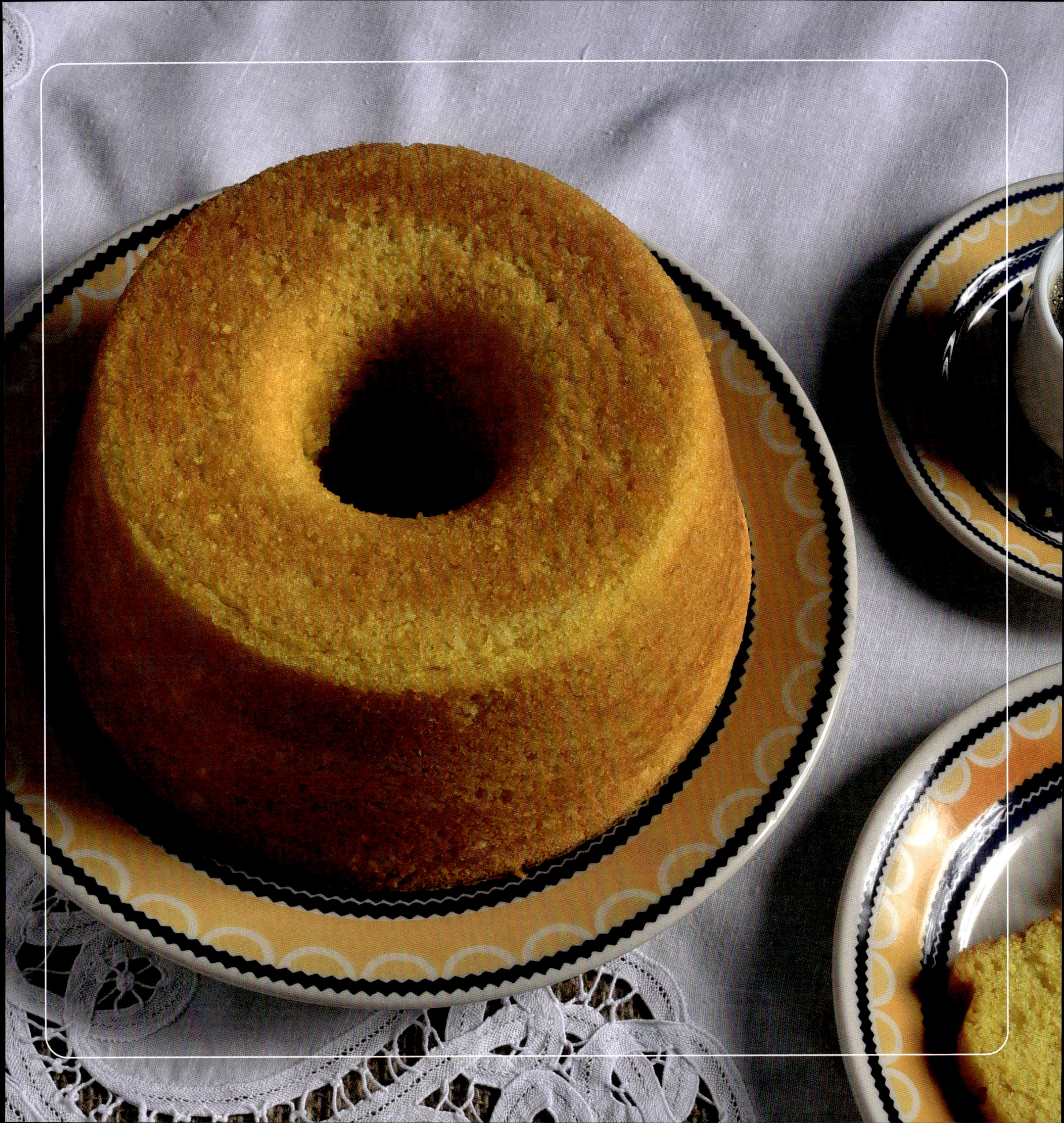

Bolo de tapioca

INGREDIENTES

4 ovos inteiros

150 g de açúcar

3 colheres (sopa) de manteiga

75 g de tapioca granulada

200 g de farinha de trigo

1 colher (sopa) rasa de fermento químico em pó

400 ml de leite de coco

MODO DE PREPARO Preaqueça o forno a 150 °C. Separe as claras das gemas e bata as claras até ficarem em ponto de neve. Reserve. Na batedeira, bata o açúcar com a manteiga até formar um creme. Acrescente as gemas e misture. Adicione os ingredientes secos ao creme e mexa bem. Em seguida, insira o leite de coco e misture. Por último, adicione as claras em neve, incorporando delicadamente para não perder o ar delas. Leve ao forno em assadeira untada com manteiga e polvilhada com farinha de trigo. Asse por 30 a 40 minutos.

Tempo de preparo
1 hora e 20 minutos a
1 hora e 30 minutos.

Rendimento
15 a 20 porções.

Bom-bocado de aipim

INGREDIENTES

250 g de massa de aipim (cozida com sal)

100 g de manteiga derretida

100 g de açúcar

2 ovos inteiros

150 g de coco seco ralado

50 g de farinha de trigo

1 colher (chá) de fermento químico em pó

Manteiga e farinha de rosca para untar e polvilhar

MODO DE PREPARO Preaqueça o forno a 150 °C. Peneire a massa de aipim em peneira grossa ou passe no espremedor de batata e reserve. Bata a manteiga com o açúcar até formar um creme. Separe a gema das claras e acrescente uma a uma ao creme. Adicione a massa de aipim, o coco ralado, a farinha de trigo e o fermento até obter um creme homogêneo. Bata as claras em neve e acrescente ao creme, mexendo delicadamente até obter uma consistência pastosa. Coloque a massa em forminhas untadas com manteiga e polvilhadas com farinha de rosca. Leve ao forno para assar por 25 a 35 minutos.

Tempo de preparo
1 hora e 20 minutos a 1 hora e 30 minutos.

Rendimento
10 porções.

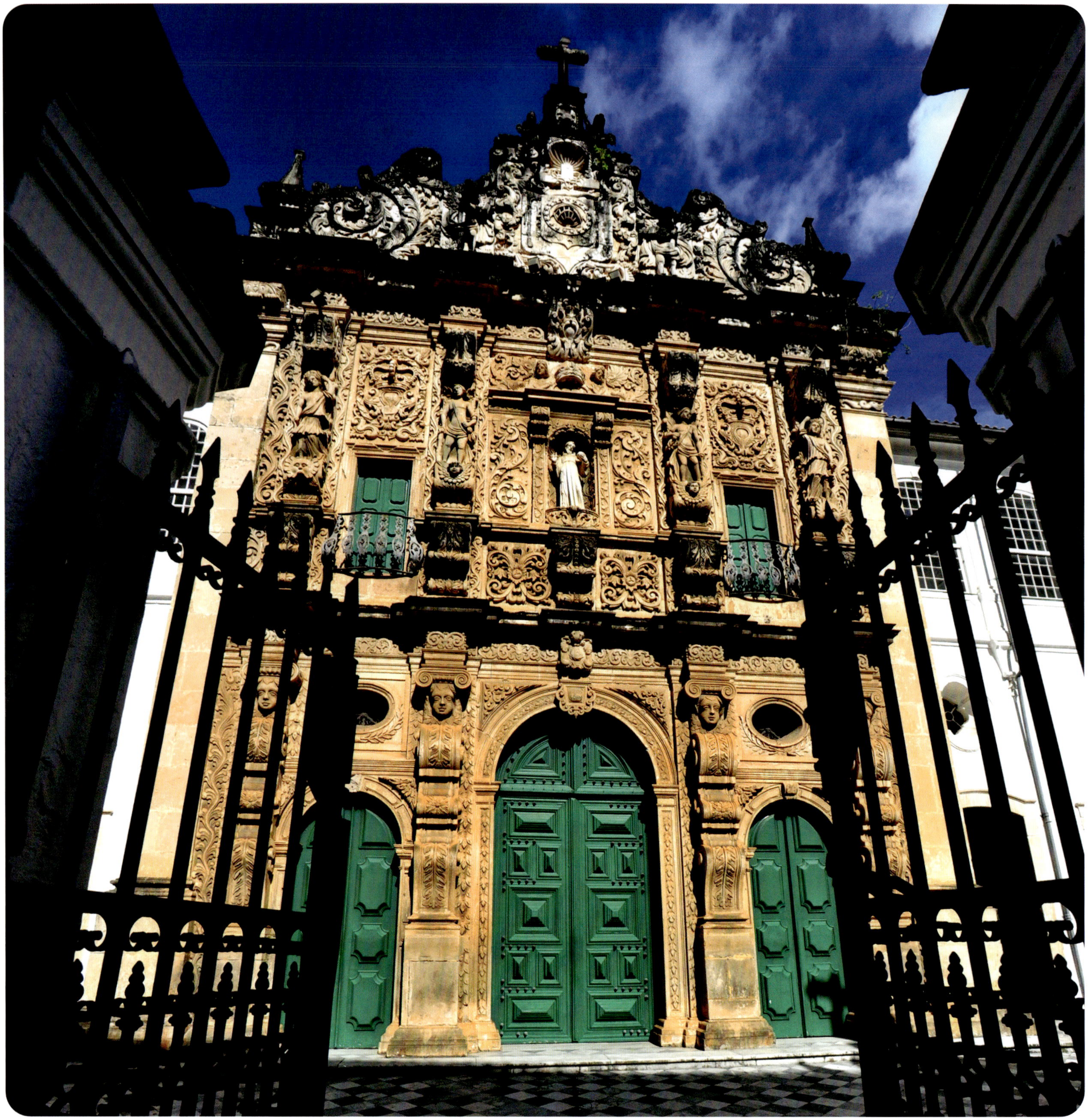

Canjica

"DO AÇUDE A CURIMATÃ,
(DIZ OS FILHOS DA CANDINHA)
DO CAMPO A VACCA MANINHA,
FEITA UM FRITO, DE MANHÃ;
DAS AVE A MARACANÃ,
DO HOME A MULHER BONITA,
DO ENFEITE O LAÇO DE FITA,
DA MOÇA BONITA UM BEIJO,
DO ALTO SERTÃO O QUEIJO,
DO MILHO-VERDE A CANGICA."
(Matias Carneiro)

INGREDIENTES

- 10 espigas de milho-verde
- 1 colher (chá) de cravo-da-índia
- 800 ml de leite de coco
- 3 colheres (sopa) de manteiga
- ½ colher (chá) de sal
- 300 g de açúcar
- Canela em pó a gosto para servir

MODO DE PREPARO Debulhe as espigas, processe os grãos e peneire a mistura. Em seguida, acrescente os outros ingredientes. Cozinhe em fogo moderado até engrossar. Sirva polvilhado com canela em pó.

Tempo de preparo
40 minutos a 1 hora.

Rendimento
10 porções.

Cocada branca

INGREDIENTES

400 g de coco seco

400 ml de água

400 g de açúcar

Cravo e canela em pau a gosto

MODO DE PREPARO Descasque, rale e reserve o coco seco. Em uma panela, prepare uma calda com água e açúcar em fogo baixo. Quando a calda levantar fervura, acrescente o coco ralado, o cravo e a canela. Misture e cozinhe até obter uma calda grossa, cerca de 15 minutos, com cuidado para não escurecer a cocada. Sirva fria.

Tempo de preparo
40 minutos a 1 hora.

Rendimento
10 a 12 porções.

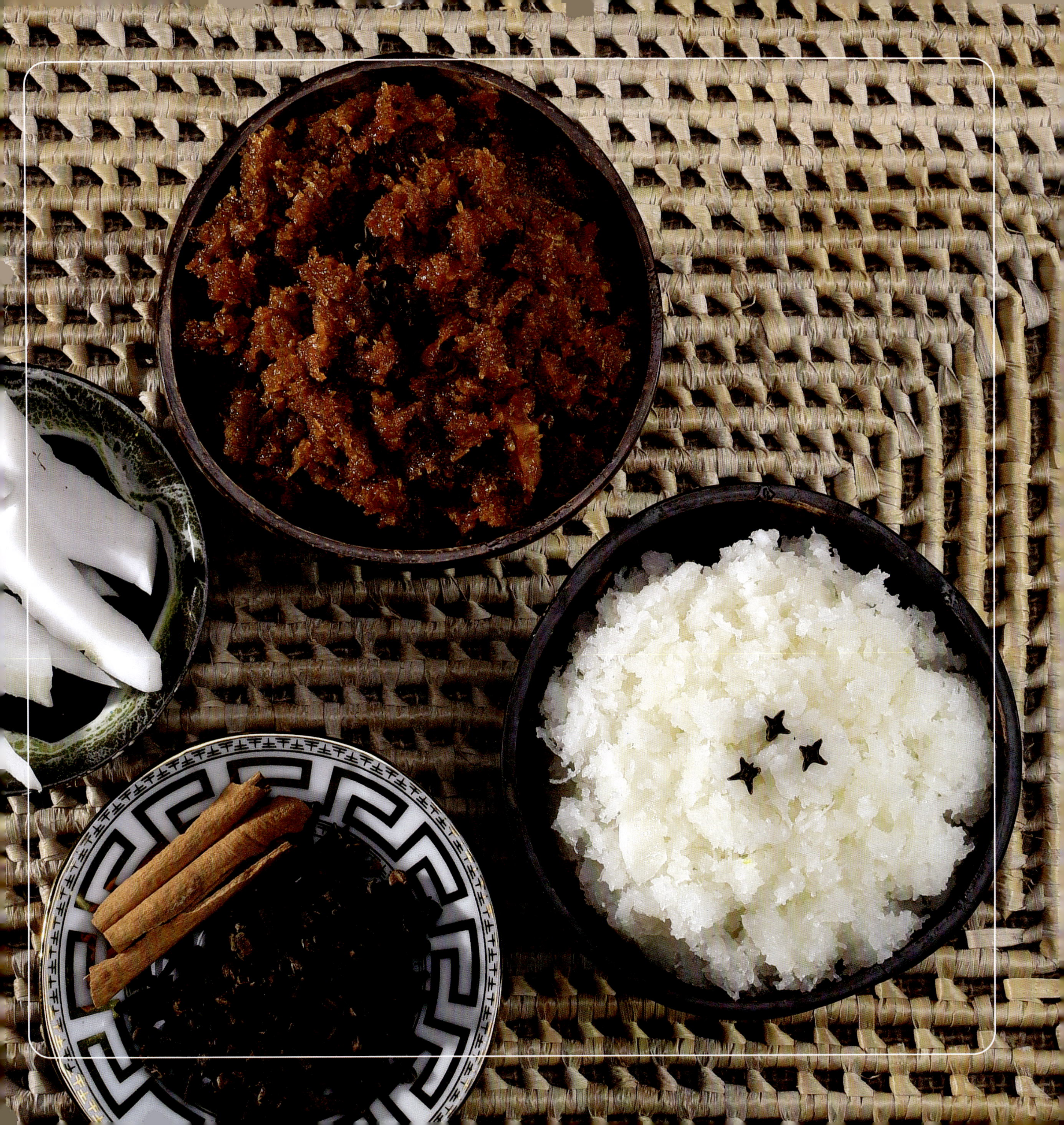

Cocada de amêndoa de cacau

A cocada de amêndoa de cacau é uma receita tradicional do sul da Bahia.

INGREDIENTES

300 g de amêndoas de cacau (com casca)

1 coco seco descascado e cortado

½ litro de leite

1 kg de açúcar cristal

MODO DE PREPARO Torre as amêndoas de cacau no forno ou na frigideira, com cuidado para não torrar demais. Deixe esfriar e descasque-as. Primeiro, triture-as até formar pequenos pedaços granulados (*nibs* de cacau), depois triture-os até alcançar o ponto de farinha. Em um liquidificador, bata o coco seco descascado e o leite até obter um creme homogêneo. Em seguida, adicione a farinha de amêndoas de cacau e bata novamente. Em uma panela, junte o creme de cacau com coco e o açúcar e vá mexendo para não embolar. Cozinhe em fogo baixo até a mistura ficar no ponto de cocada e começar a soltar da panela, similar ao ponto de brigadeiro. Despeje a mistura em uma assadeira untada com manteiga, espalhe bem com auxílio de uma colher e aguarde ficar morno, em ponto de corte. Em seguida, corte em pedaços e sirva.

Tempo de preparo
1 hora e 20 minutos a 2 horas e 20 minutos.

Rendimento
Pode variar de acordo com as medidas da assadeira e o tamanho do corte dos pedaços.

Dica
Para o ponto de corte, não deixe a cocada esfriar totalmente, pois ela endurece e fica muito difícil de cortar. A cocada deve ser cortada ainda morna.

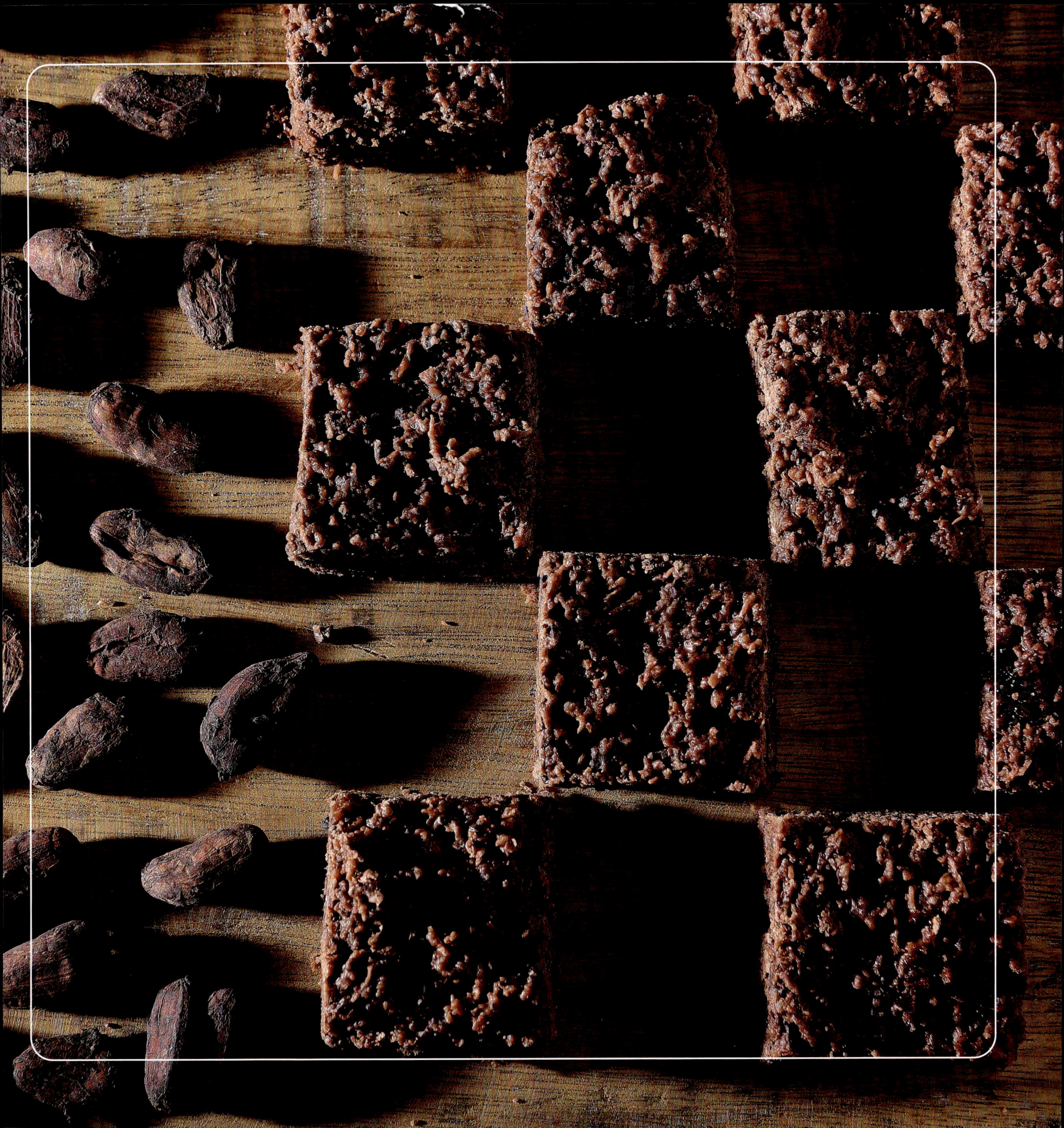

Cocada de mamão e coco

INGREDIENTES

1 kg de mamão verde descascado e ralado

200 g de coco ralado

600 g de açúcar refinado

1 litro de água

Cravo e canela em pau a gosto

MODO DE PREPARO Misture o mamão verde e o coco ralados e reserve. Em uma panela, prepare uma calda de açúcar e água em fogo baixo. Quando a calda levantar fervura, acrescente o coco e o mamão verde ralados, o cravo e a canela. Cozinhe em fogo baixo e mexa sempre até que o líquido reduza e fique cremoso, na consistência de cocada.

Tempo de preparo
1 hora a 1 hora e 30 minutos.

Rendimento
20 a 25 porções.

Cocada preta

INGREDIENTES

1,5 kg de coco seco

1,5 litro de água

1,5 kg de açúcar

1 colher (sopa) de gengibre ralado

Cravo e canela em pau a gosto

MODO DE PREPARO Descasque, rale e reserve o coco seco. Em uma panela, prepare uma calda com 1 litro de água e açúcar em fogo baixo. Quando a calda levantar fervura, continue mexendo até o açúcar chegar ao ponto de levemente queimado. Acrescente 500 ml da água restante e cozinhe até obter uma calda grossa. Adicione o coco ralado, o gengibre, o cravo e a canela. Cozinhe e mexa sempre até que o líquido reduza e fique cremoso. Sirva fria.

Tempo de preparo
1 hora a 1 hora e 30 minutos.

Rendimento
30 porções.

Cuscuz de milho

INGREDIENTES

500 g de flocos de milho

80 g de açúcar

100 g de coco ralado

1 xícara (chá) de água filtrada

Sal a gosto

MODO DE PREPARO Misture os flocos de milho, o açúcar, o coco ralado e sal. Em seguida, hidrate a mistura com água e deixe descansar por 20 minutos. Cozinhe no vapor por 10 minutos. Utilize uma cuscuzeira para o cozimento.

Tempo de preparo
40 a 50 minutos.

Rendimento
10 porções.

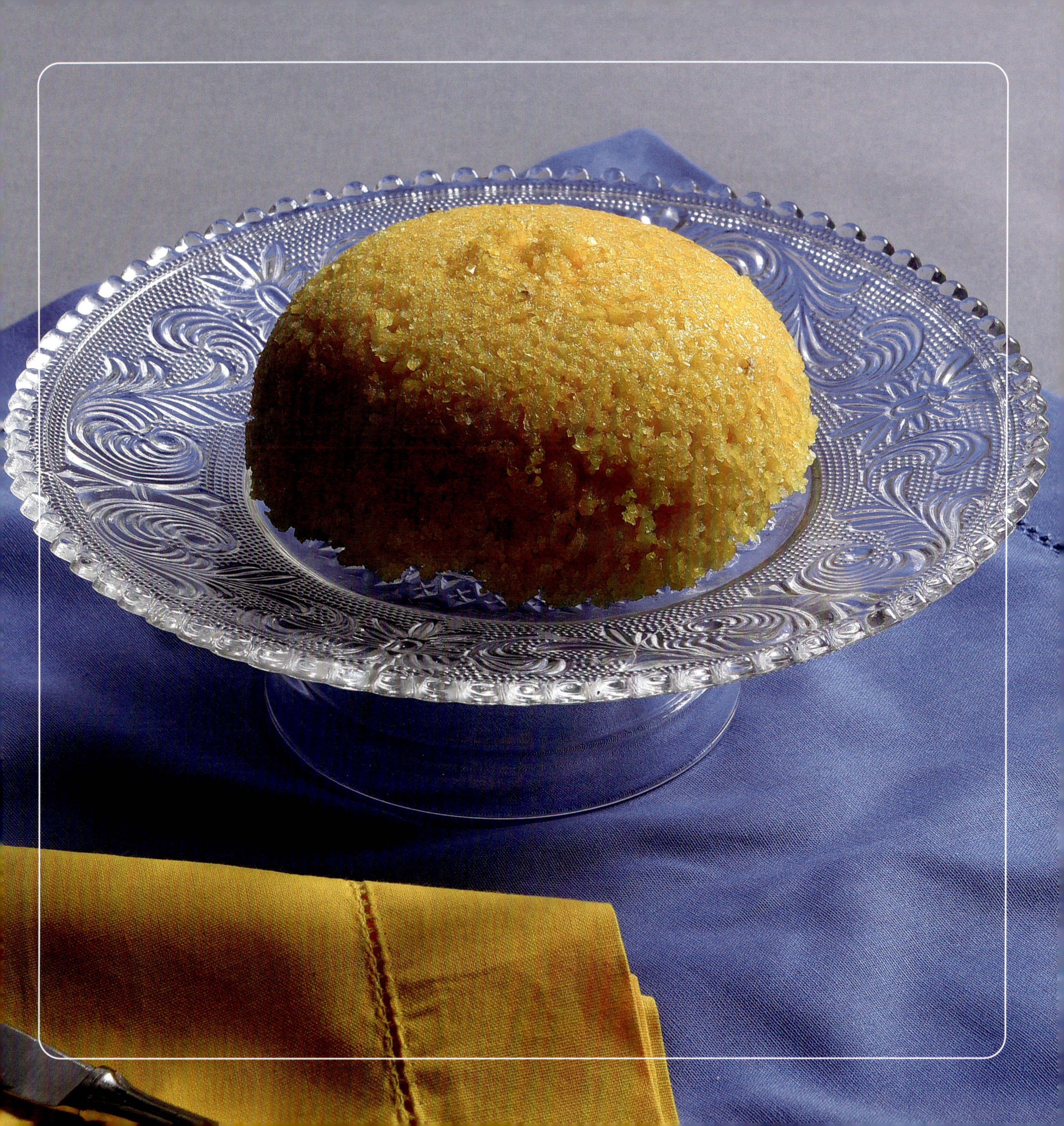

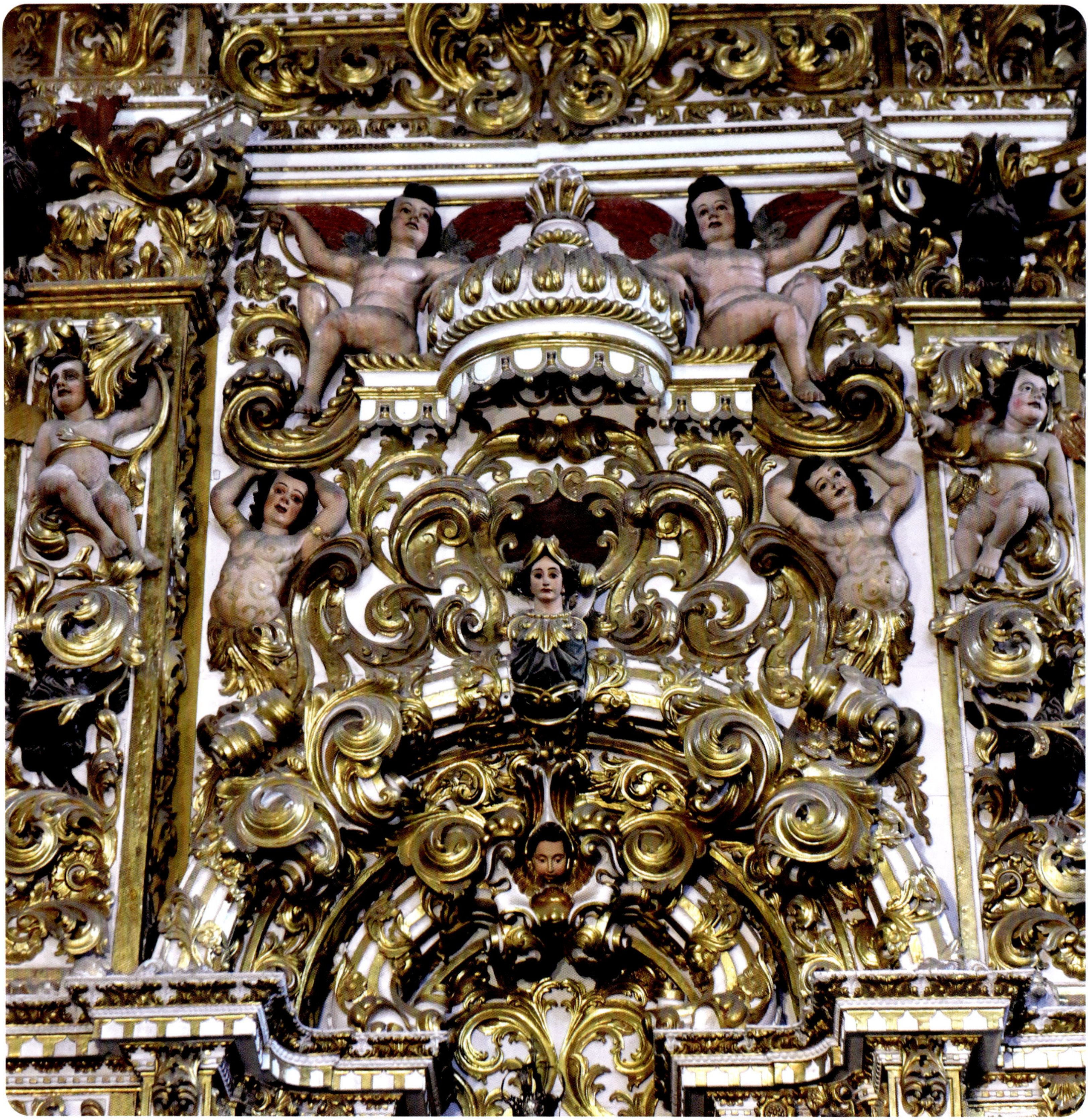

Cuscuz de tapioca

INGREDIENTES

200 ml de leite de coco

300 ml de água filtrada

50 g de açúcar

1 colher (chá) de sal

300 g de tapioca

50 g de coco seco ralado

MODO DE PREPARO Coloque os ingredientes líquidos em uma vasilha e misture com o açúcar e o sal. Acrescente os ingredientes secos e deixe descansar por aproximadamente 30 minutos em uma fôrma. Uma sugestão é servir o cuscuz com leite de coco para regar.

Tempo de preparo
40 a 50 minutos.

Rendimento
10 porções.

Doce de abacaxi

INGREDIENTES

1 kg de abacaxi

600 g de açúcar

2 litros de água

Cravo e canela em pau a gosto

MODO DE PREPARO Descasque o abacaxi, retire o miolo e corte em cubos. Em uma panela, leve ao fogo baixo o açúcar e a água para fazer a calda. Quando a calda levantar fervura, acrescente o abacaxi cortado, o cravo e a canela. Mexa e cozinhe até que estejam caramelizados.

Tempo de preparo
1 hora a 1 hora e 30 minutos.

Rendimento
10 porções.

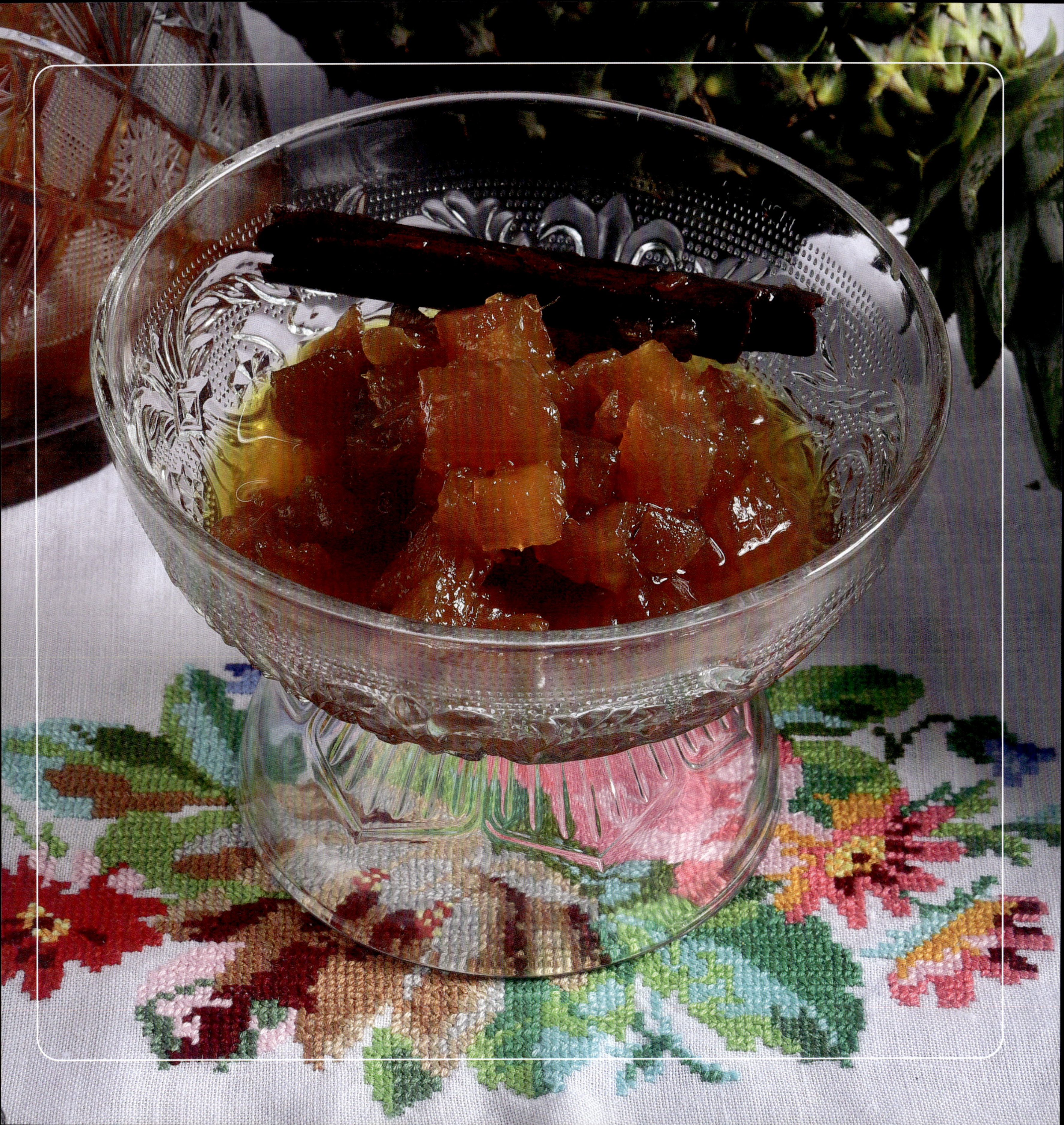

Doce de abóbora

INGREDIENTES

1,2 kg de abóbora

350 ml de leite de coco

450 g de açúcar

Cravo e canela em pau a gosto

MODO DE PREPARO Descasque a abóbora, retire as sementes e as fibras e corte-a em cubos. Em uma panela, coloque os pedaços da abóbora e cubra com água. Cozinhe. Depois do cozimento, escorra a água e passe a abóbora na peneira fina. Em uma batedeira, bata a polpa peneirada e reserve. Na panela, adicione a polpa de abóbora, o leite de coco, o açúcar, o cravo e a canela. Cozinhe em fogo baixo e mexa sempre até reduzir o volume pela metade e a mistura ficar cremosa.

Tempo de preparo
1 hora a 1 hora e 30 minutos.

Rendimento
10 porções.

Doce de banana em pasta

"COM BANANA E FARINHA PASSO EU E A VIZINHA..."

INGREDIENTES

1 kg de banana-prata bem madura

3 litros de água

700 g de açúcar

Cravo e canela em pau a gosto

MODO DE PREPARO Descasque as bananas, corte em pedaços e bata do liquidificador com 500 ml de água. Em uma panela, adicione as bananas batidas, o açúcar, o cravo e a canela, leve ao fogo baixo e misture sem parar. Aos poucos, acrescente o restante da água e continue misturando. Cozinhe até obter uma coloração vinho e a mistura soltar do fundo da panela.

Tempo de preparo
1 hora a 1 hora e 30 minutos.

Rendimento
25 a 30 porções.

Doce de banana em rodelas

INGREDIENTES

1 kg de banana-prata madura e firme

750 g de açúcar

3 litros de água

Cravo e canela em pau a gosto

MODO DE PREPARO Descasque as bananas e corte as rodelas em tamanho uniforme, com aproximadamente 1 cm de espessura. Em uma panela, em fogo baixo, prepare uma calda com o açúcar e 2 litros de água. Quando a calda estiver pronta, adicione as bananas e tampe a panela pela metade. Mexa cuidadosamente e acrescente aos poucos a água restante. Com uma espumadeira, retire a espuma branca que for se formando. Acrescente o cravo e a canela e cozinhe em fogo brando até obter uma coloração avermelhada. Mexa delicadamente para não grudar no fundo da panela. Sirva o doce frio ou levemente refrigerado.

Tempo de preparo
1 hora e 30 minutos a 2 horas.

Rendimento
15 a 20 porções.

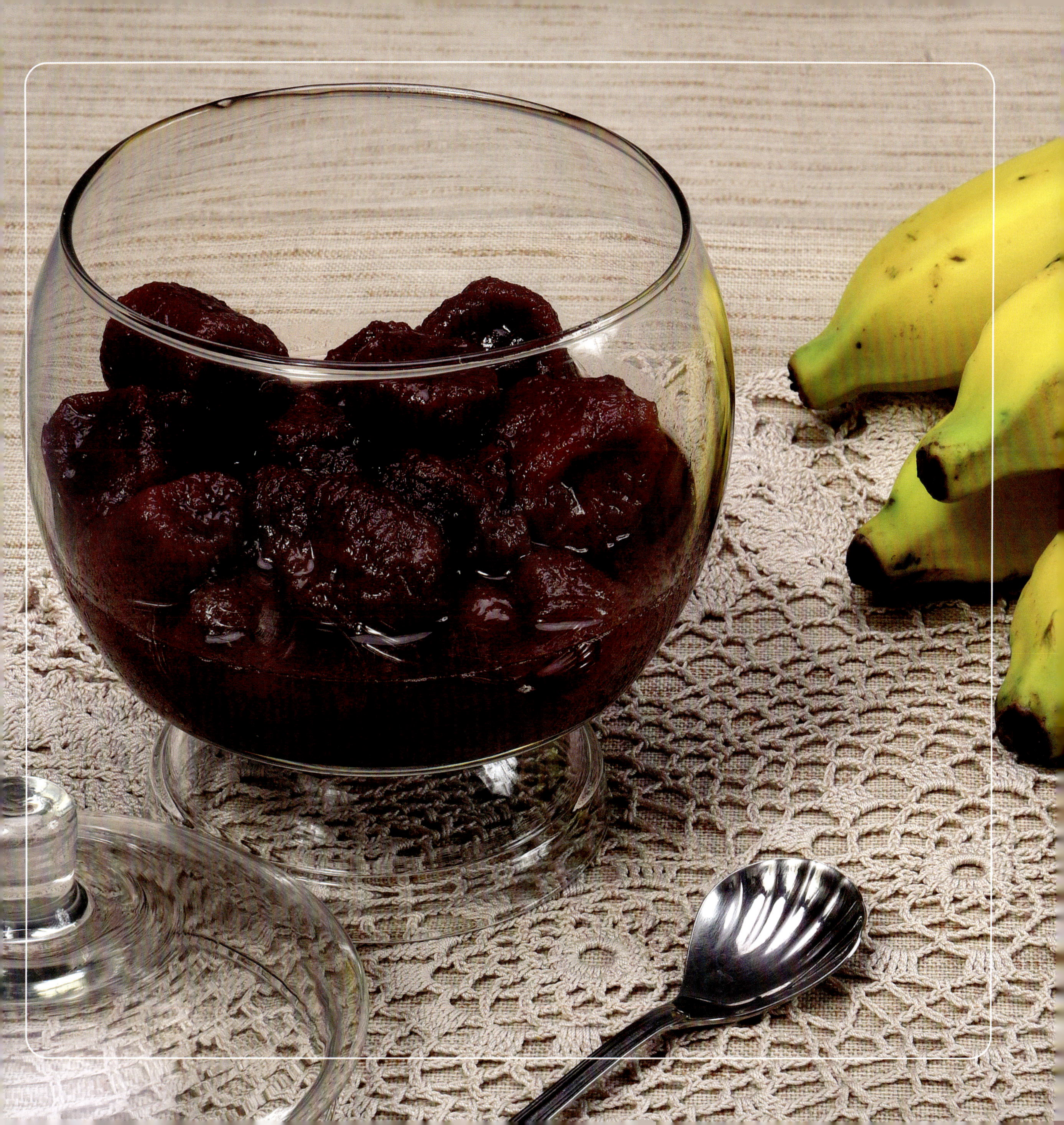

Doce de leite

INGREDIENTES

1 litro de leite

Sumo de 1 limão

700 g de açúcar refinado

1 litro de água

10 ovos inteiros

Cravo e canela em pau a gosto

MODO DE PREPARO Em uma tigela, adicione o leite e acrescente 4 gotas de limão. Reserve por aproximadamente 1 hora até talhar o leite. Em uma panela, prepare uma calda fina de açúcar e água em fogo baixo. Na batedeira ou batedor de ovos, bata 5 claras em neve e acrescente 10 gemas. (Reserve as 5 claras restantes para outra receita.) Com a calda de açúcar ainda em fogo brando, adicione o leite talhado, os ovos batidos, o cravo e a canela. À medida que for cozinhando, o leite talhado se transforma em pedaços, vire-os cuidadosamente com o auxílio de uma espumadeira. Repita o processo até obter uma coloração amarela. O doce final terá uma textura de flocos ou pedaços de doce de leite. Sirva refrigerado.

Tempo de preparo
1 hora a 1 hora e 30 minutos.

Rendimento
10 porções.

Doce de tomate

INGREDIENTES

1 kg de tomate-caqui grande

1 kg de açúcar

2 litros de água

Cravo e canela em pau a gosto

MODO DE PREPARO Descasque os tomates, corte-os em cruz e retire as sementes. Passe as cascas e as sementes dos tomates na peneira e reserve o sumo. Em uma panela, leve ao fogo baixo o açúcar e a água para fazer a calda. Quando a calda estiver pronta, adicione os tomates cortados, o sumo do tomate, o cravo e a canela. À medida que for cozinhando, retire a espuma que for se formando com uma espumadeira. Cozinhe em fogo brando até obter uma coloração rosada.

Tempo de preparo
30 a 40 minutos.

Rendimento
10 porções.

Fatias de parida

INGREDIENTES

1 vara de pão francês dormido ou 5 pães franceses dormidos

200 ml de leite de coco

20 g de açúcar

4 ovos inteiros

4 gemas

3 colheres (sopa) de farinha de trigo

1 colher (chá) de fermento químico em pó

½ colher (chá) de sal

1 litro de óleo para fritura

Açúcar e canela para polvilhar

MODO DE PREPARO Descasque o pão (somente o miolo será utilizado), corte-o em fatias grossas e reserve. Faça uma mistura com o leite de coco, metade do sal e o açúcar e umedeça bem cada fatia de pão com essa mistura. Separe a clara da gema dos ovos inteiros e bata-as até ficarem em ponto de neve. Acrescente com delicadeza as gemas (8, no total), a farinha de trigo, o fermento e o restante do sal. Misture. Envolva as fatias umedecidas na mistura de ovos batidos e frite em seguida. Sirva as fatias polvilhadas com açúcar e canela.

Tempo de preparo
20 a 30 minutos.

Rendimento
10 porções.

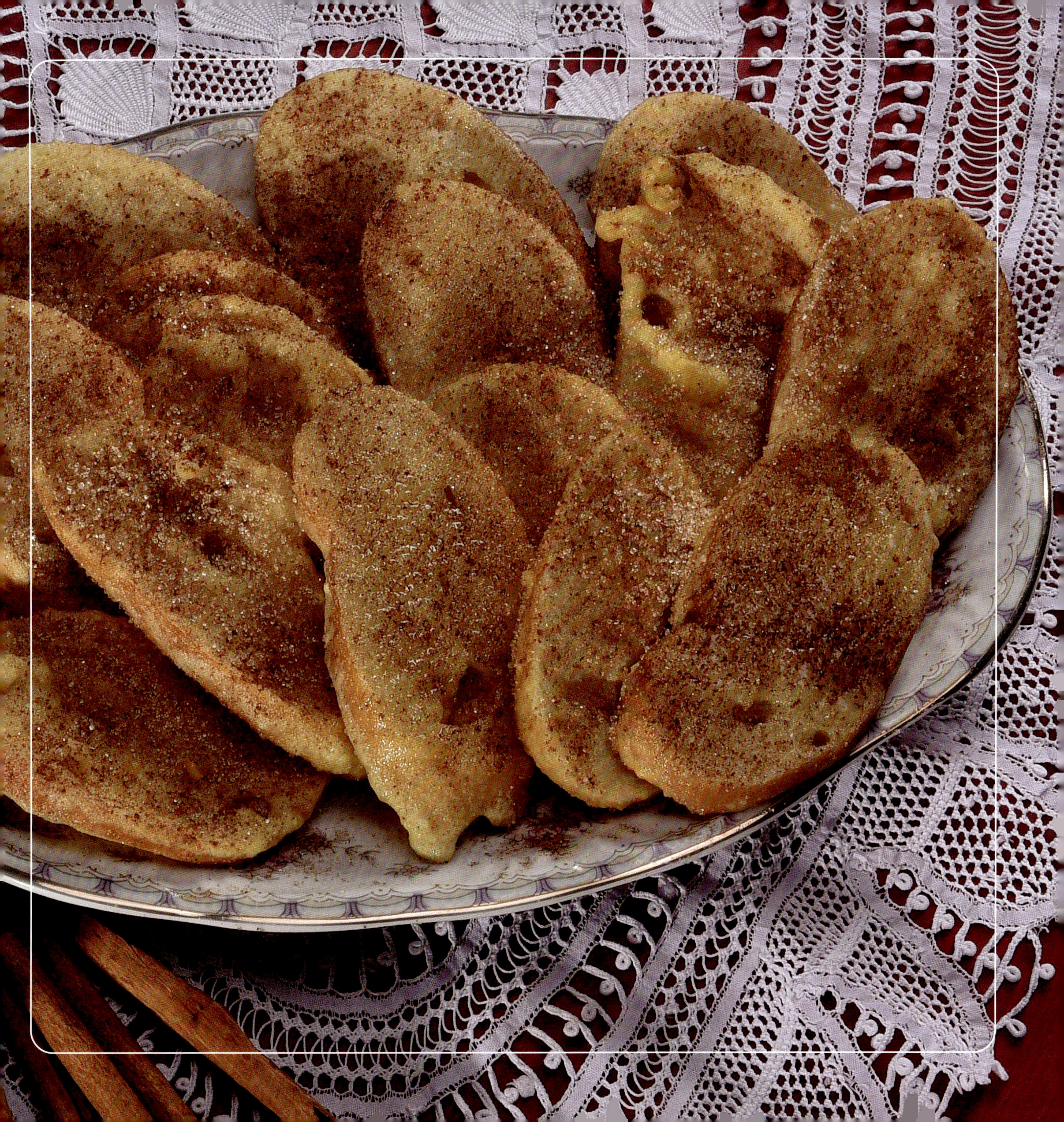

Jacuba

Um pirão ou refresco grosso, quase um mingau – na concepção baiana de mingau –, para se tomar de copo. Geralmente, é consumida como a refeição da manhã. A jacuba é para se comer e para se tomar. A base é a farinha de mandioca, podendo ser feita também com farinha de milho. Jacuba, gonguinho ou tiquari são nominações de uma comida que ainda alimenta grande parte da nossa população.

INGREDIENTES

1½ colher (sopa) de grão de café torrado e moído

100 a 150 ml de água filtrada quente

50 g de farinha de mandioca

1 colher (sopa) de açúcar

Utilizar coador de pano e suporte para coador

MODO DE PREPARO Passe o café no coador de pano. Sirva-o em um recipiente com capacidade para 180 ml (por exemplo, um copo americano). Sirva a farinha de mandioca e o açúcar em recipientes à parte. Durante o consumo, a pessoa acrescenta ao café a quantidade de farinha de mandioca e de açúcar a gosto, formando uma mistura grossa.

Tempo de preparo
10 minutos.

Rendimento
1 xícara (chá) (150 ml).

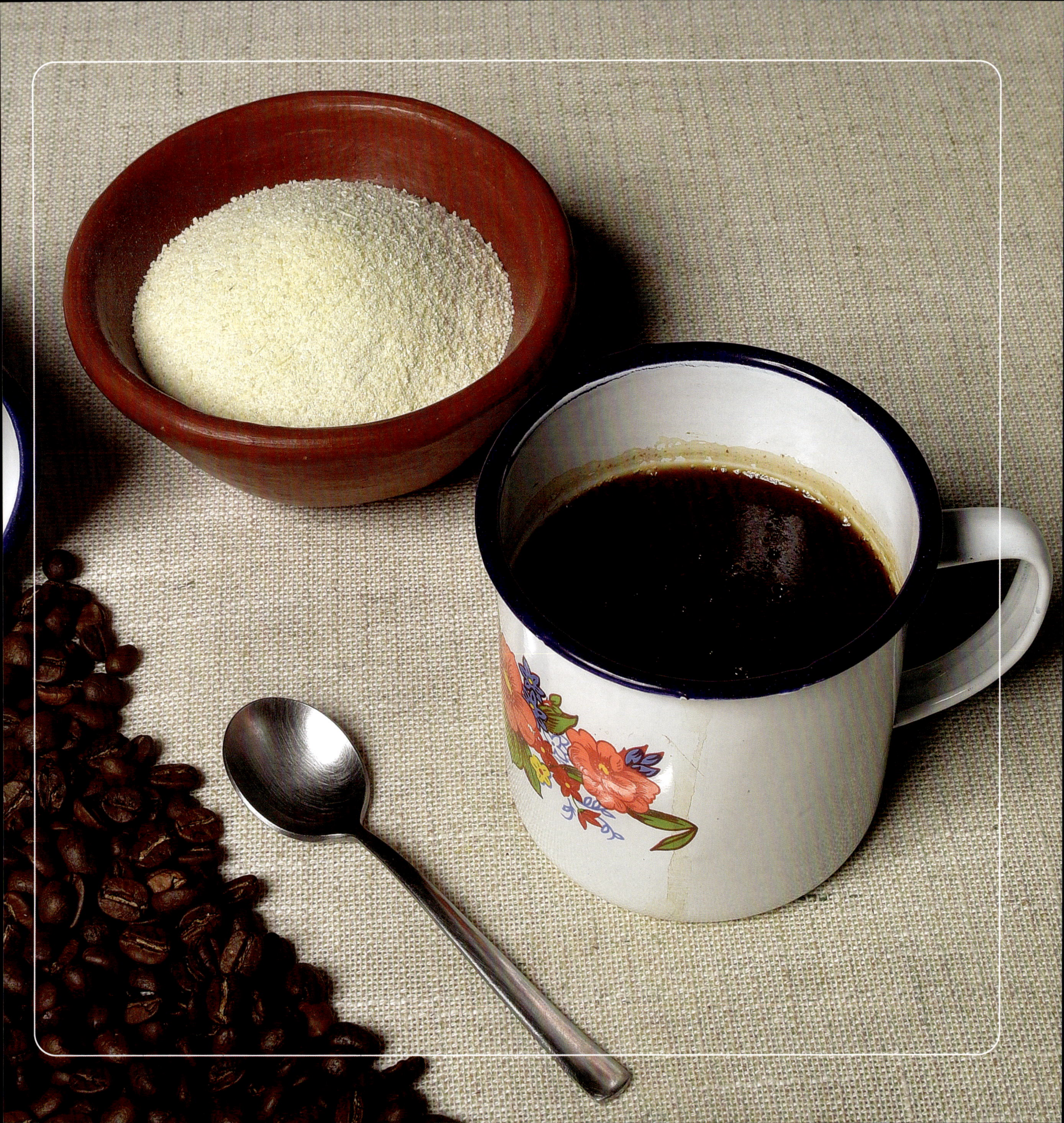

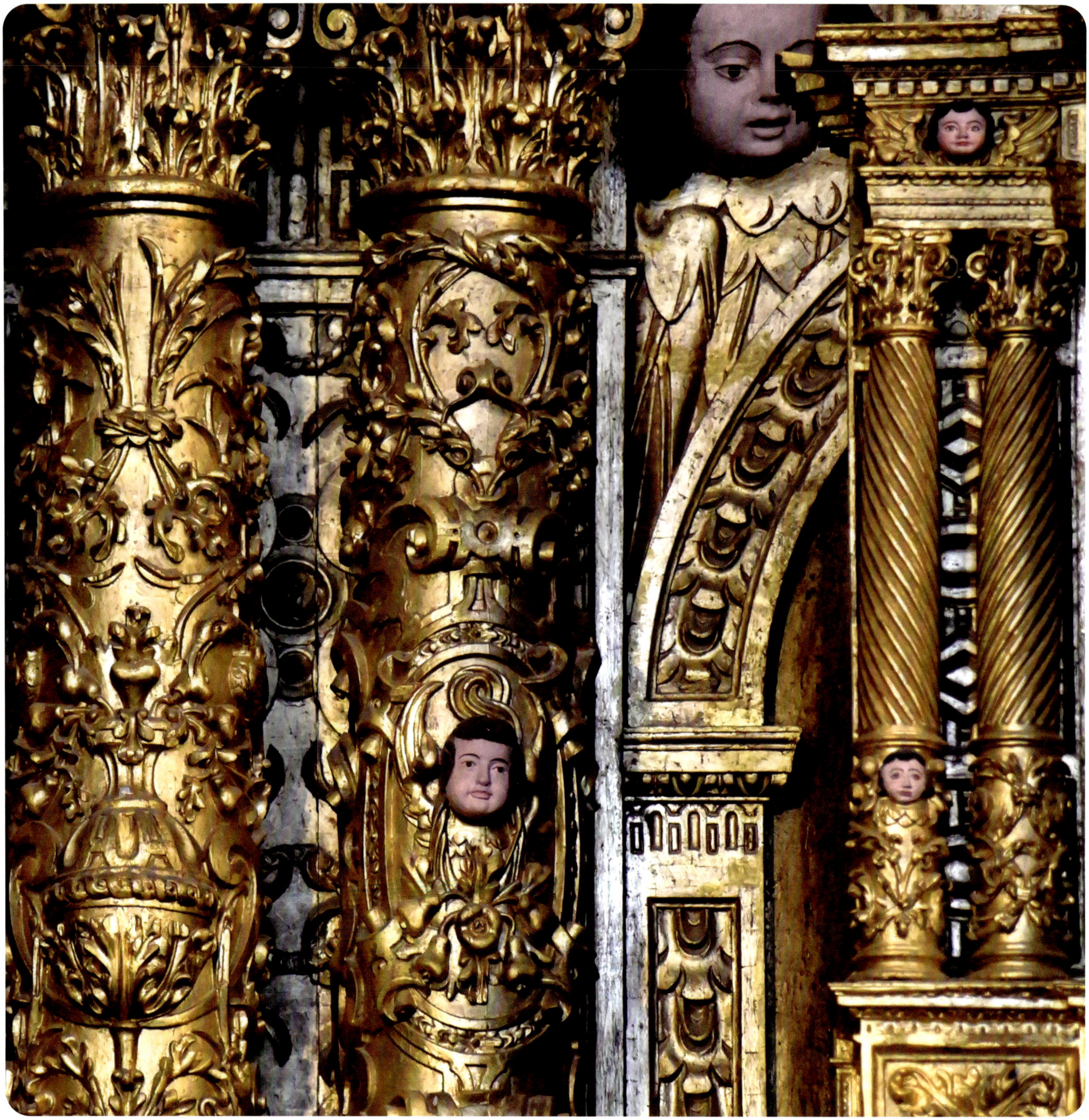

Lelê de milho

*"NEGRA, PISA NO PILÃO,
PISA PRÁ FAZER XERÉM,
PRÁ FAZER ANGU DE MILHO,
QUE OS NEGROS SÃO MAIS DE CEM."*
(Maracatu)

INGREDIENTES

250 g de xerém de milho amarelo

500 ml de água filtrada

Cravo e canela a gosto

100 g de açúcar

200 ml de leite de coco

50 g de coco seco ralado

1 colher (chá) de sal

Coco seco ralado para finalizar

MODO DE PREPARO Coloque o xerém de molho por aproximadamente 1 hora, para amolecer. Escorra o xerém e leve-o ao fogo misturado com a água filtrada, cravo e canela a gosto e sal. Após cozinhar, acrescente os demais ingredientes em fogo baixo, mexendo constantemente até soltar do fundo da panela. Despeje em uma travessa e polvilhe com coco ralado. Após esfriar, corte e sirva.

Tempo de preparo
1 hora e 20 minutos a 1 hora e 40 minutos
(exceto o demolho do xerém).

Rendimento
10 porções.

Mãe-benta

"A Mãe Benta é feita também com goma de mandioca, farinha de trigo, farinha de milho. Pingando-se limão, pulverizando-se canela e/ou erva-doce. Em Portugal usam fubá de arroz, forma que consta de receitas brasileiras de 1930."
(Câmara Cascudo)

INGREDIENTES

6 ovos inteiros

100 g de açúcar refinado

100 g de manteiga

100 g de coco seco ralado

100 g de creme de arroz

1 colher (chá) de sal

2 colheres (chá) de fermento químico em pó

MODO DE PREPARO Preaqueça o forno a 150 °C. Separe as claras das gemas e bata as claras até ficarem em ponto de neve. Reserve. Na batedeira, bata o açúcar com a manteiga até formar um creme. Acrescente as gemas e misture. Adicione o coco ralado, o creme de arroz, o sal e o fermento peneirados ao creme batido e misture. Por último adicione as claras em neve, misturando delicadamente para não perder o ar incorporado a elas. Leve ao forno em assadeira untada com manteiga e polvilhada com farinha de trigo. Asse por 20 a 30 minutos.

Tempo de preparo
1 hora.

Rendimento
10 porções.

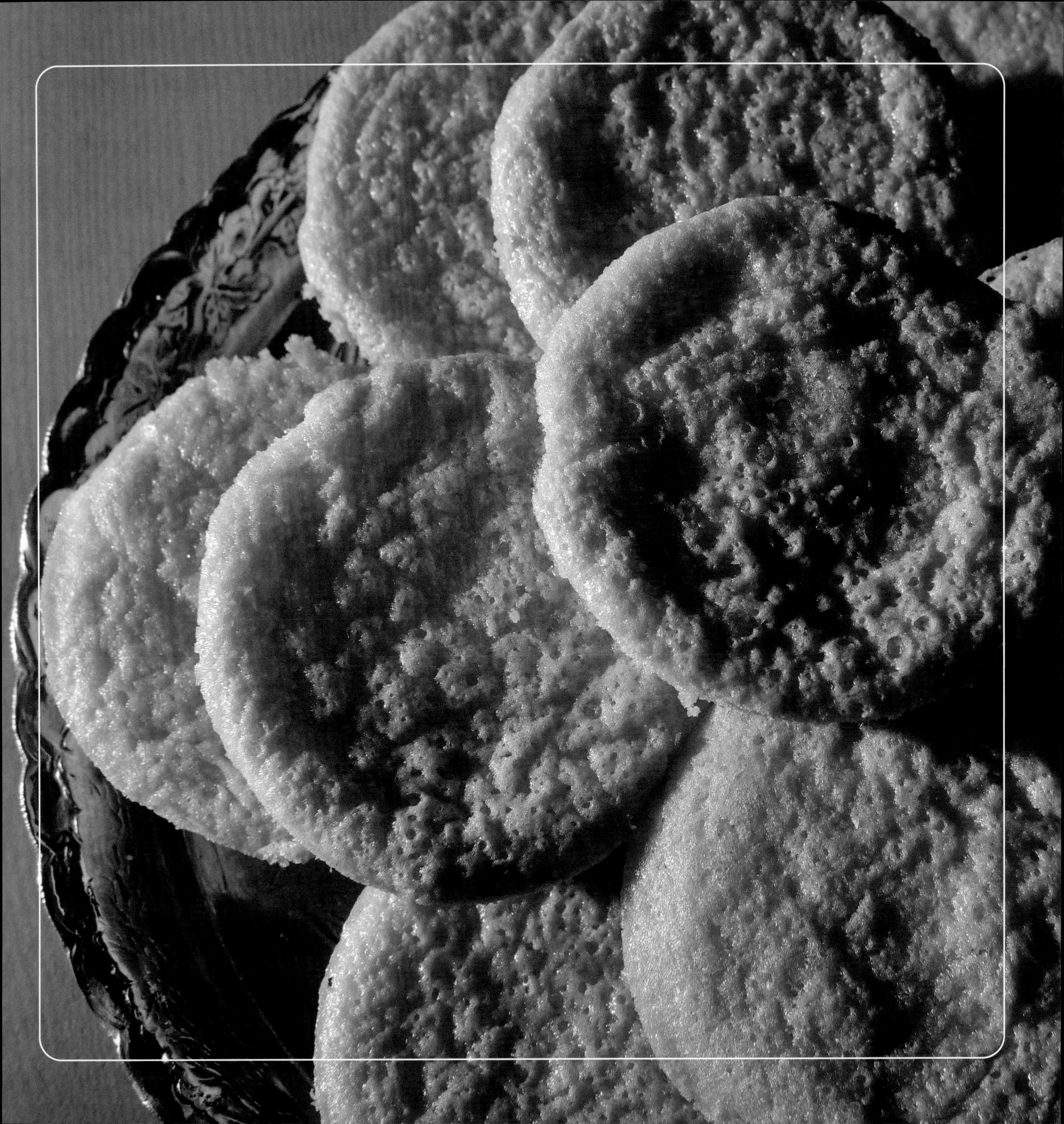

Manjar

*"DA BOLSA OS BOFES LHE ARRANCO
NO FRESCO PÁTIO DE CELAS,
PEDINDO COM GÊNIO FRANCO
DOCES, GRATUITAS TIGELAS
DO FAMOSO MANJAR BRANCO."*
(Nicolau Tolentino de Almeida)

INGREDIENTES

1 litro de leite

250 ml de leite de coco

300 g de açúcar refinado

170 g de amido de milho

500 ml de água filtrada

MODO DE PREPARO Em uma panela, misture o leite, o leite de coco e o açúcar e leve ao fogo. Dilua o amido de milho na água e acrescente ao leite enquanto estiver fervendo, mexendo sempre até engrossar. Em seguida, coloque em pequenas fôrmas previamente molhadas com água. Leve o manjar à geladeira e mantenha-o gelado até o momento do consumo. Desenforme e sirva. Caso deseje, poderá ser servido com calda de ameixa.

Tempo de preparo
20 a 30 minutos.

Rendimento
20 porções.

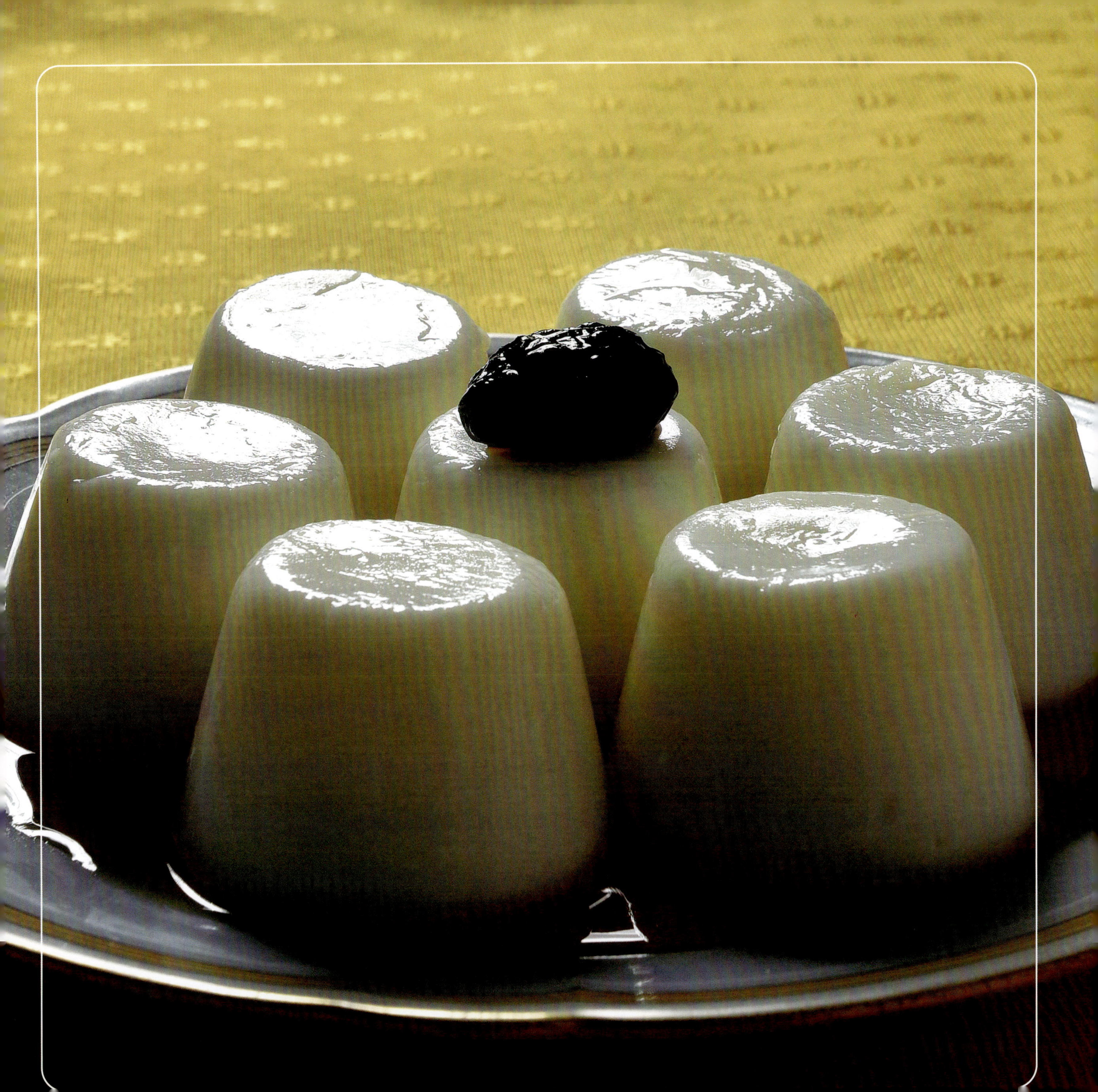

Mingau de carimã

Carimã: farinha fresca de mandioca. Embora muita gente confunda carimã com puba, o historiador e antropólogo Luís da Câmara Cascudo estabelece diferenças: o carimã é a massa de mandioca seca, e a puba é a massa de mandioca em certo estado de fermentação.

INGREDIENTES

150 g de carimã

100 g de açúcar

200 ml de leite

400 ml de leite de coco

500 ml de água filtrada

1 colher (chá) rasa de sal

Canela em pó a gosto para servir

MODO DE PREPARO Coloque todos os ingredientes na panela, misture bem e leve ao fogo, mexendo até ficar bem cozido. Uma sugestão é polvilhar canela em pó na hora de servir.

Tempo de preparo
20 a 30 minutos.

Rendimento
10 porções.

Mingau de milho-verde

INGREDIENTES

4 espigas grandes de milho-verde

1 litro de água filtrada

400 ml de leite de coco

30 g de açúcar

3 colheres (sopa) de manteiga

1 colher (chá) de sal

Cravo e canela em pau a gosto

Canela em pó a gosto para servir

MODO DE PREPARO Descasque e debulhe o milho. No liquidificador, bata os grãos com água. Peneire o milho e despeje numa panela. Acrescente os demais ingredientes e leve ao fogo, mexendo sempre até dar o ponto de mingau. Se desejar, polvilhe canela em pó na hora de servir.

Tempo de preparo
30 a 40 minutos.

Rendimento
10 porções.

Mingau de tapioca

*"O RICO NA SUA CAMA
O POBRE NO SEU JIRAU
O RICO COM SEU CAFÉ
O POBRE COM SEU MINGAU."*
(Poesia popular)

*"SÃO FRANCISCO, MEU PAI, QUEM ME BENZE?
SÃO FRANCISCO, MEU PAI, QUEM ME QUER HOJE?
SÃO FRANCISCO, MEU PAI, VEM BENZÊ."*
(Pregão das vendedoras de mingau)

INGREDIENTES

100 g de tapioca

1 litro de água filtrada

400 ml de leite de coco

300 ml de leite

50 g de açúcar

1 colher (chá) de sal

Cravo e canela em pau a gosto

Canela em pó a gosto para servir

MODO DE PREPARO Coloque a tapioca de molho em uma panela com água por 10 minutos. Depois, acrescente os demais ingredientes e leve ao fogo para cozinhar, mexendo sempre com uma colher. Se desejar, polvilhe canela em pó ao servir.

Tempo de preparo
20 a 30 minutos.

Rendimento
10 porções.

Mungunzá

"O MÊS DE JUNHO SEM MILHO QUE ALEGRIA PODE TER?"

INGREDIENTES

250 g de milho branco

1 litro de água

1 colher (sopa) de sal

100 g de açúcar

500 ml de leite de coco

Cravo e canela em pau a gosto

MODO DE PREPARO Deixe o milho branco de molho por 3 horas. Depois, cozinhe-o com sal em panela de pressão até ficar macio. Escorra a água do cozimento, acrescente os outros ingredientes e cozinhe até engrossar o caldo. Prove para acertar o açúcar e o sal.

Tempo de preparo
40 minutos (exceto o demolho do milho).

Rendimento
10 porções.

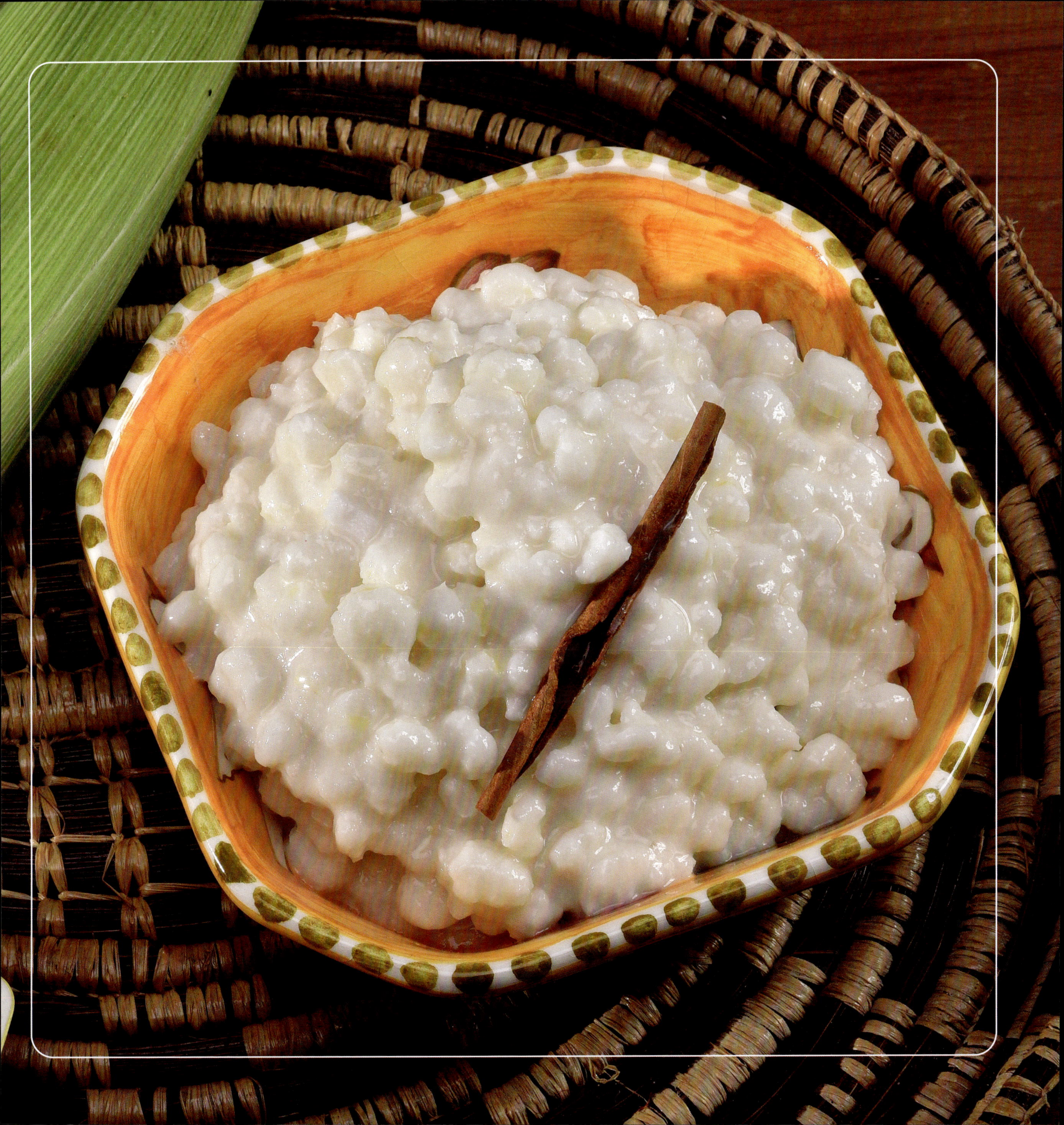

Mungunzá-de-cortar

INGREDIENTES

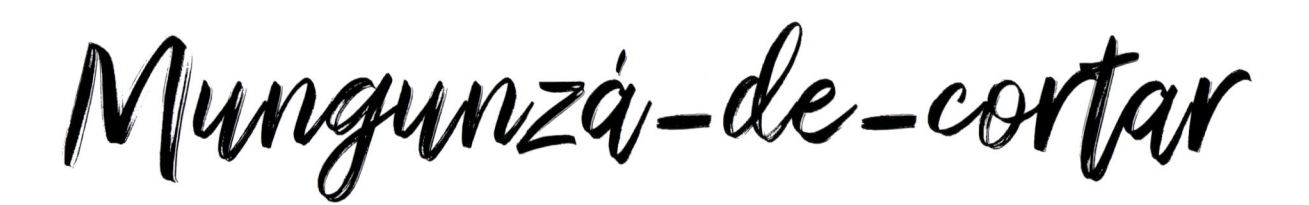

250 g de milho branco

1 litro de água

1 colher (sopa) de sal

100 g de açúcar

500 ml de leite de coco

Cravo e canela em pau a gosto

MODO DE PREPARO Coloque o milho branco de molho por 3 horas. Depois, cozinhe-o com sal em panela de pressão até ficar macio. Escorra metade da água do cozimento. Bata metade do milho cozido no liquidificador. Em uma panela, em fogo baixo, coloque a metade com os grãos de milho inteiros e a pasta formada com a outra metade que foi liquidificada. Acrescente os outros ingredientes e cozinhe. Continue mexendo sempre, em fogo moderado, até secar todo o líquido e a mistura ficar bem pastosa, atingindo o ponto cremoso e denso. Coloque em uma assadeira. Quando esfriar, corte e sirva refrigerado.

Tempo de preparo
40 minutos (exceto o demolho do milho).

Rendimento
10 porções.

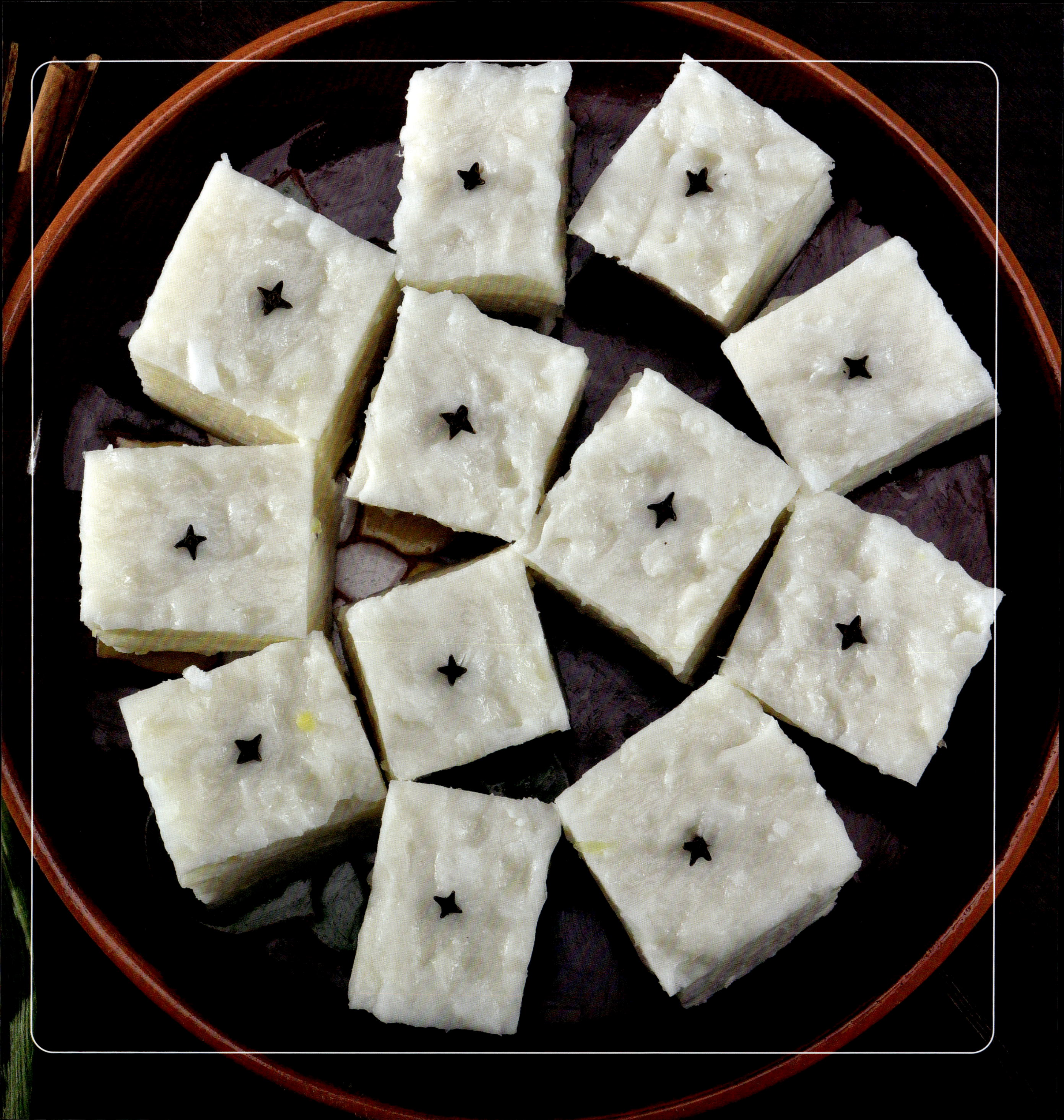

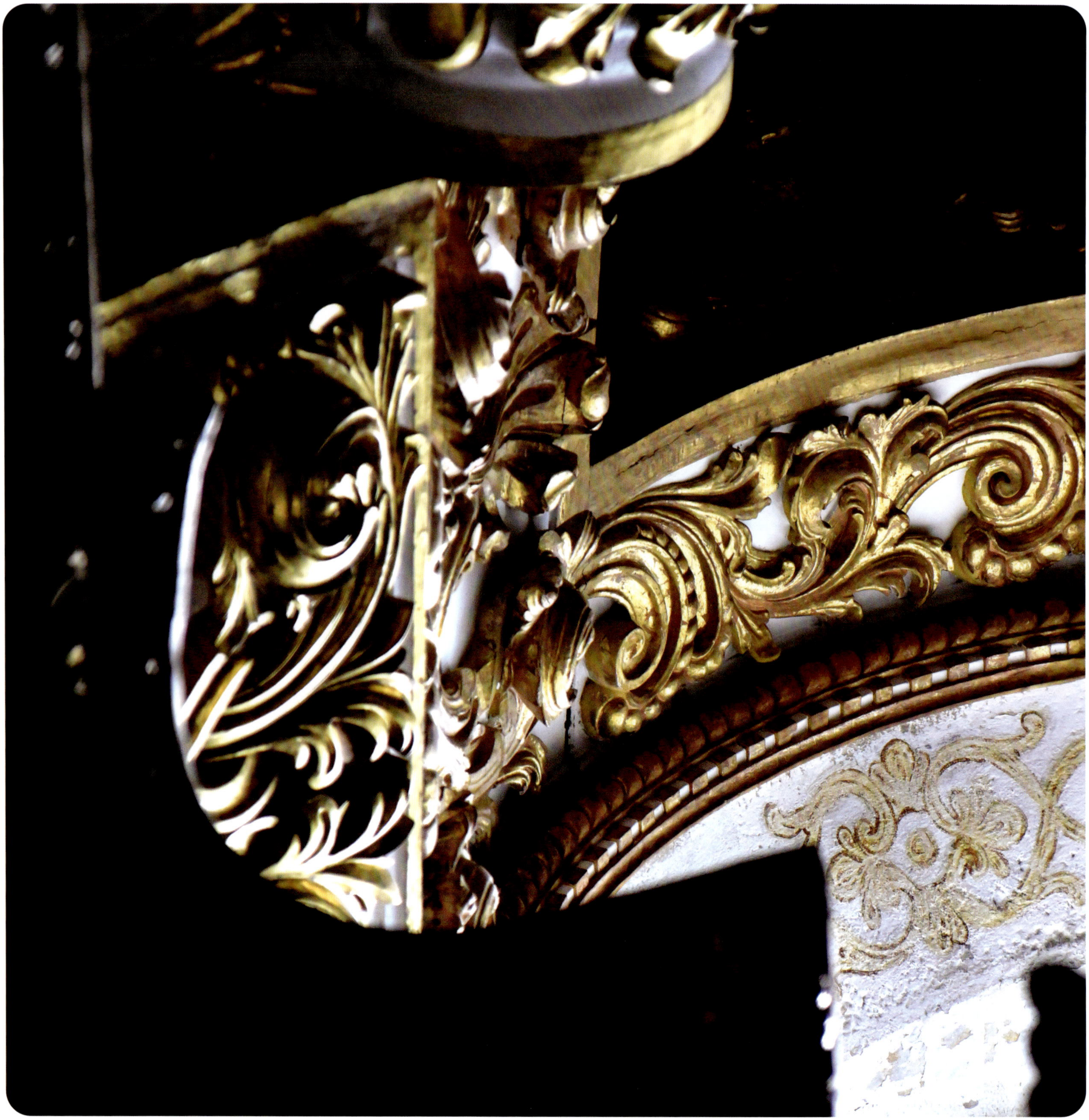

Pé de moleque

INGREDIENTES

1 kg de carimã

250 g de açúcar

300 ml de leite de coco

100 g de coco ralado

1 xícara (chá) de água

2 colheres (sopa) de manteiga derretida

2 colheres (chá) rasas de sal

3 folhas grandes de bananeira cortadas, para embrulhar

MODO DE PREPARO Coloque todos os ingredientes em uma vasilha e misture até formar um creme. Enrole nas folhas de bananeira em pequenas porções (a abertura da folha de bananeira deve ficar virada para baixo). Coloque em uma assadeira e leve ao forno em temperatura de 150 °C por aproximadamente 20 minutos. Após assar, sirva.

Tempo de preparo
40 a 50 minutos.

Rendimento
10 a 15 porções.

Quindim de Iaiá

INGREDIENTES

400 g de coco seco

15 ovos inteiros

15 gemas

500 g de açúcar refinado

3 colheres (sopa) de manteiga

2 colheres (chá) de essência de baunilha

2 colheres (sopa) de glucose de milho

Açúcar e manteiga para untar as forminhas

MODO DE PREPARO Descasque, rale e reserve o coco seco. Preaqueça o forno a 130 °C. Passe os ovos inteiros e as gemas por uma peneira fina. Em uma tigela, adicione todos os ingredientes, misturando bem com um fouet, de preferência. Misture até a massa ficar bem homogênea. Unte as forminhas (de aproximadamente 5 cm) com manteiga e polvilhe com açúcar refinado. Preencha as forminhas com a massa. Em uma assadeira, posicione as forminhas e leve ao forno. Antes de fechar, adicione cuidadosamente água fervente na assadeira, para assar em banho-maria entre 25 e 35 minutos.

Tempo de preparo
1 hora a 1 hora e 20 minutos.

Rendimento
12 porções.

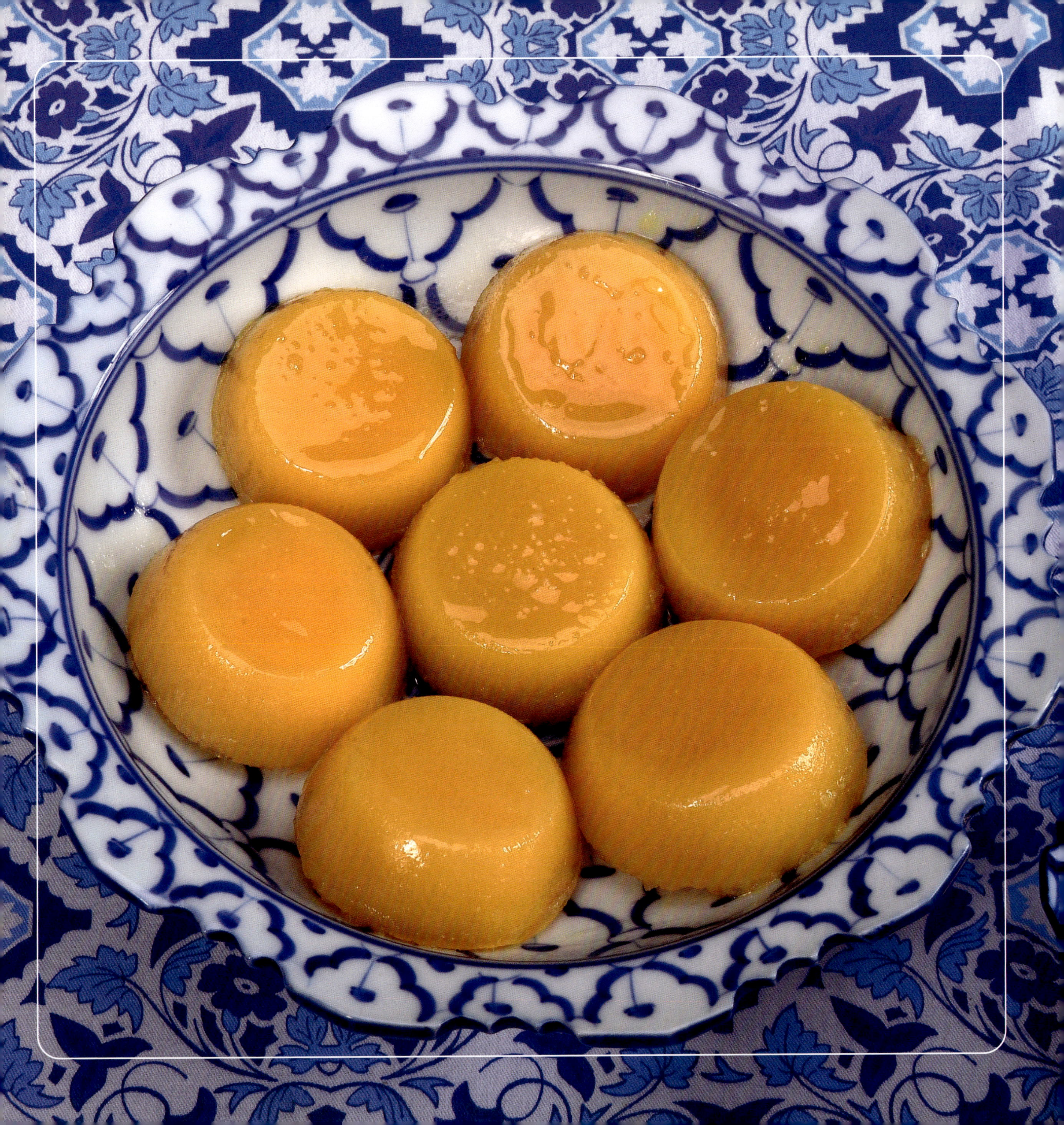

BEBIDAS

Afurá

São muitas as bebidas consideradas nutritivas no imaginário gastronômico. É o caso do afurá, uma bebida feita do acaçá branco, que é uma comida à base de milho branco. Para se fazer afurá, o acaçá é diluído na água e adoçado com rapadura, mel ou açúcar-mascavo. Essa é uma bebida artesanal das tradições afro-baianas.

INGREDIENTES

1 acaçá (100 g)

100 ml de mel

200 ml de água

MODO DE PREPARO Coloque todos os ingredientes no liquidificador e bata por aproximadamente 1 minuto. Passe o líquido em uma peneira e sirva em temperatura ambiente.

Tempo de preparo
5 minutos.

Rendimento
300 ml.

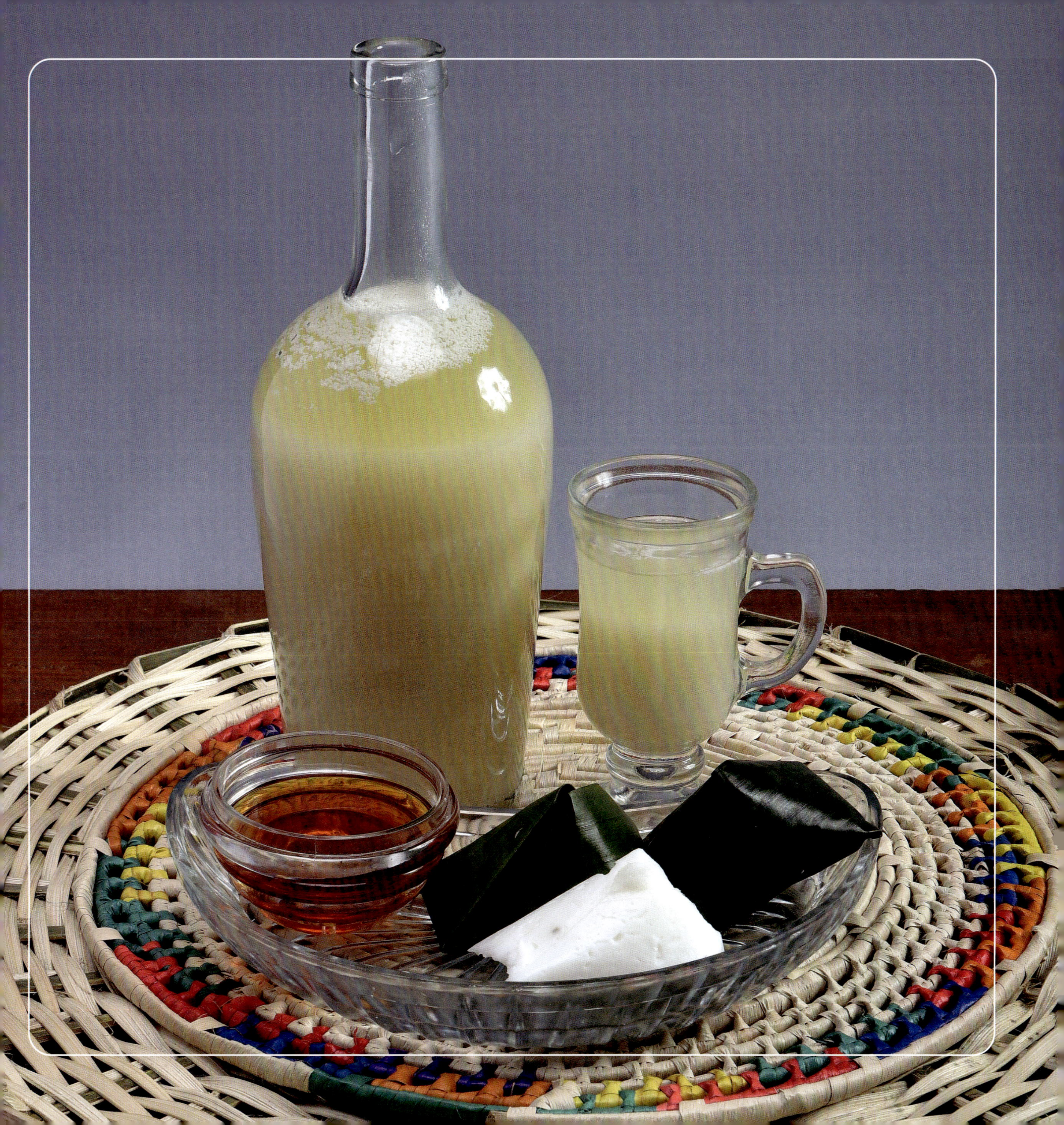

Aluá

Essa bebida geralmente é feita em casa. Também é servida no caruru de Cosme. Tradicionalmente, é um refresco feito à base de milho, abacaxi ou pão, no qual se acrescenta rapadura, gengibre e água. A técnica artesanal para fazer o aluá é o da fermentação: os ingredientes são depositados, quase sempre, num pote de barro, onde permanecem por alguns dias. O aluá tem uma forte referência tropical, sendo uma bebida para se tomar em dias quentes.

INGREDIENTES

2 abacaxis maduros

2 litros de água filtrada ou mineral

400 g de rapadura ou açúcar mascavo

1 xícara (chá) de gengibre ralado

MODO DE PREPARO Higienize o abacaxi e descasque de maneira que as cascas fiquem grossas, contendo parte da polpa da fruta. Coloque as cascas do abacaxi em um vasilhame de barro, cubra com a água, tampe e deixe em infusão por três dias em temperatura ambiente. No terceiro dia, adicione a rapadura ou açúcar mascavo, tampe e reserve. No quarto dia, acrescente o gengibre ralado, tampe e deixe fermentar por mais 1 dia. No quinto dia de fermentação, coe a bebida e, se necessário, corrija o sabor com açúcar mascavo. Após esse processo, transfira a bebida para uma garrafa plástica com tampa e conserve em refrigeração para consumo por, no máximo, 30 dias.

Tempo de preparo
5 dias.

Rendimento
2 litros.

Observação
Em alguns lugares, a receita do aluá é acrescida de cravo e canela a gosto na sua composição.

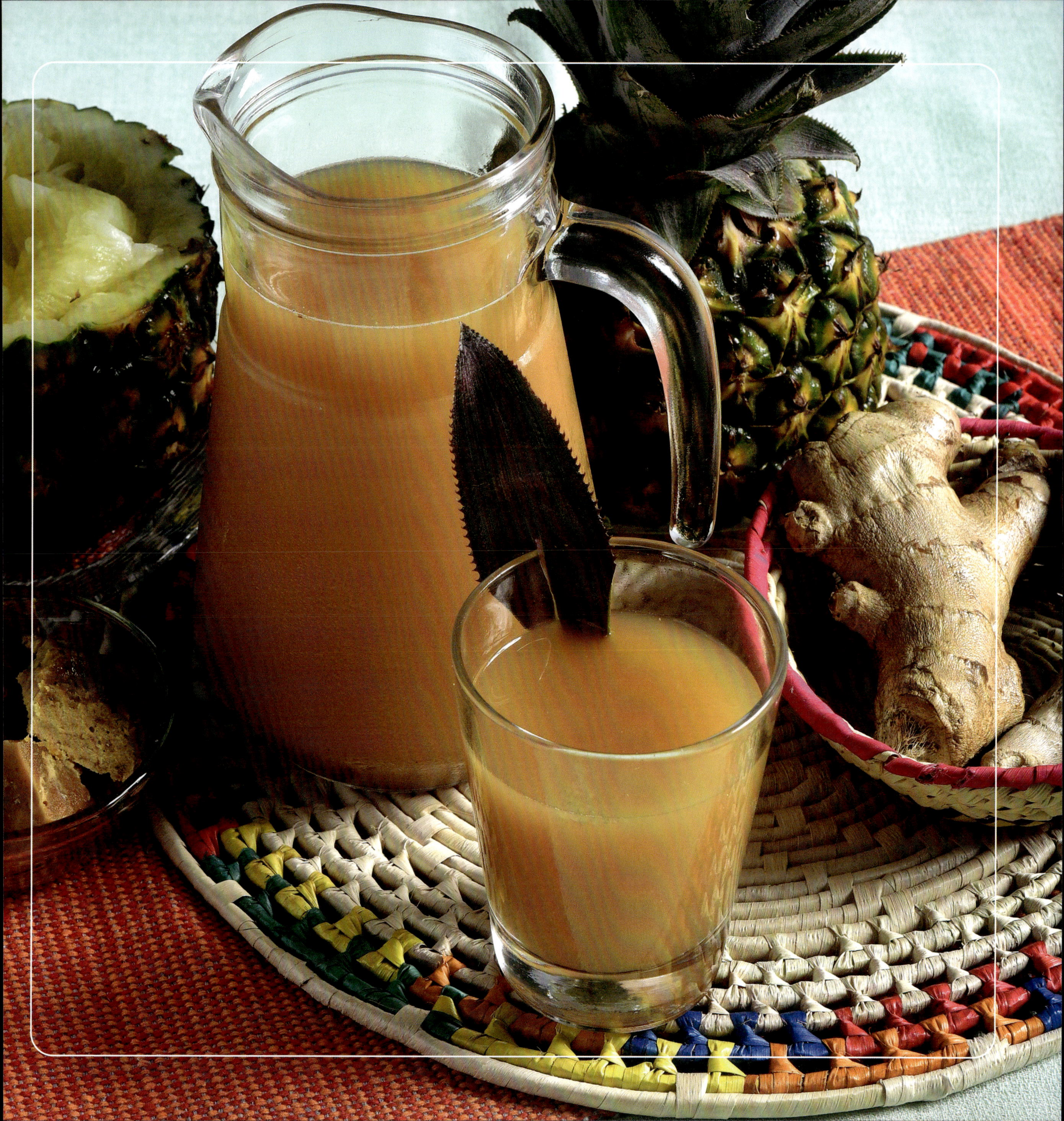

BIBLIOGRAFIA

AMADO, Jorge. **Bahia de todos os santos**: guia de ruas e mistérios. 33. ed. Rio de Janeiro: Record, 1982.

BRANDÃO, Darwin. **A cozinha baiana**. Rio de Janeiro: Tecnoprint, [*s. d.*].

CASCUDO, Luís da Câmara. **Dicionário do folclore brasileiro**. 5. ed. Belo Horizonte: Itatiaia, 1984.

CASCUDO, Luís da Câmara. **História da alimentação no Brasil**. Belo Horizonte: Itatiaia; São Paulo: Edusp, 1983.

FERRÃO, José E. Mendes. **A aventura das plantas e os descobrimentos portugueses**. Lisboa: Instituto de Investigação Científica Tropical, 1993.

FREYRE, Gilberto. **Açúcar**: em torno da etnografia, história e da sociologia do doce no Nordeste canavieiro do Brasil. Rio de Janeiro: Instituto do Açúcar e do Álcool, 1969.

LODY, Raul Giovanni da Motta. **Axé da boca**: temas de antropologia da alimentação. Rio de Janeiro: Instituto de Estudos da Religião, 1992.

LODY, Raul Giovanni da Motta. **Baianas de tabuleiro**. Rio de Janeiro: Prefeitura Municipal do Rio de Janeiro, 1977.

LODY, Raul Giovanni da Motta. **O dendê e a comida afro-brasileira**. Recife: Fundação Joaquim, Centro de Estudos Folclóricos, n. 43, 1977. (Série Folclore).

LODY, Raul Giovanni da Motta. **Pimenta-da-costa**: da África à Costa do Brasil. Rio de Janeiro: Edição do Autor, 1990. (Comunicado Aberto, n. 7).

LODY, Raul Giovanni da Motta. **Santo também come**. Rio de Janeiro: Artenova; Recife: Instituto Joaquim Nabuco de Pesquisas Sociais, 1979.

LODY, Raul Giovanni da Motta. Tem dendê. Tem axé. **Revista da Bahia**, v. 3, n. 16, mar./jun, 1990.

LODY, Raul Giovanni da Motta. **Tem dendê, tem axé**: etnografia do dendezeiro. Rio de Janeiro: Pallas, 1992.

NETTO, Joaquim da Costa Pinto. **Cadernos de comidas baianas**. Rio de Janeiro: Tempo Brasileiro; Salvador: Fundação Cultural do Estado da Bahia, 1986.

QUERINO, Manuel. **Costumes africanos no Brasil**. Rio de Janeiro: Civilização Brasileira, 1938.

VIANNA, Hidelgardes. **A Bahia já foi assim**: crônicas de costumes. 2. ed. São Paulo: GRD; Brasília, DF: INL, 1979.

ÍNDICE DE RECEITAS

Abará, 29
Acarajé, 30
Afurá, 150
Aluá, 152
Arroz de coco, 32
Arroz de hauçá, 33
Arroz de marisco, 34
Baba de moça, 97
Bacalhau à baiana, 36
Bobó de camarão, 39
Bolinho de estudante, 98
Bolo de aipim, 100
Bolo de carimã, 101
Bolo de milho, 102
Bolo de tapioca, 104
Bom-bocado de aipim, 105
Canjica, 107
Caruru, 40
Casquinha de siri, 42
Cocada branca, 108
Cocada de amêndoa de cacau, 110
Cocada de mamão e coco, 112
Cocada preta, 113
Cozido, 43
Cuscuz de milho, 114
Cuscuz de tapioca, 117
Dobradinha, 45
Doce de abacaxi, 118
Doce de abóbora, 120
Doce de banana em pasta, 121
Doce de banana em rodelas, 122
Doce de leite, 124
Doce de tomate, 125
Efó, 46
Eran paterê, 48
Escaldado de peru, 49
Farofa amarela, 50

Farofa de sabiá, 52
Fatias de parida, 126
Feijão-de-leite, 53
Feijão-fradinho ou feijão-de-azeite, 54
Feijão-tropeiro, 57
Feijoada baiana, 58
Frango ensopado, 60
Frigideira de bacalhau, 61
Galinha ao molho pardo, 62
Jacuba, 128
Lelê de milho, 131
Mãe-benta, 132
Manjar, 134
Maxixada, 63
Mingau de carimã, 136
Mingau de milho-verde, 137
Mingau de tapioca, 139
Moqueca de arraia, 64
Moqueca de camarão, 66
Moqueca de fato, 68
Moqueca de ovos, 69
Moqueca de peixe, 70
Moqueca de siri catado, 72
Moqueca de sururu, 74
Mungunzá, 140
Mungunzá-de-cortar, 142
Paçoca de carne-seca, 77
Pé de moleque, 145
Peixe ao leite de coco, 78
Quiabada, 80
Quibebe, 82
Quindim de Iaiá, 146
Rabada, 85
Sarapatel, 86
Vatapá, 88
Xinxim de bofe, 91
Xinxim de galinha, 92

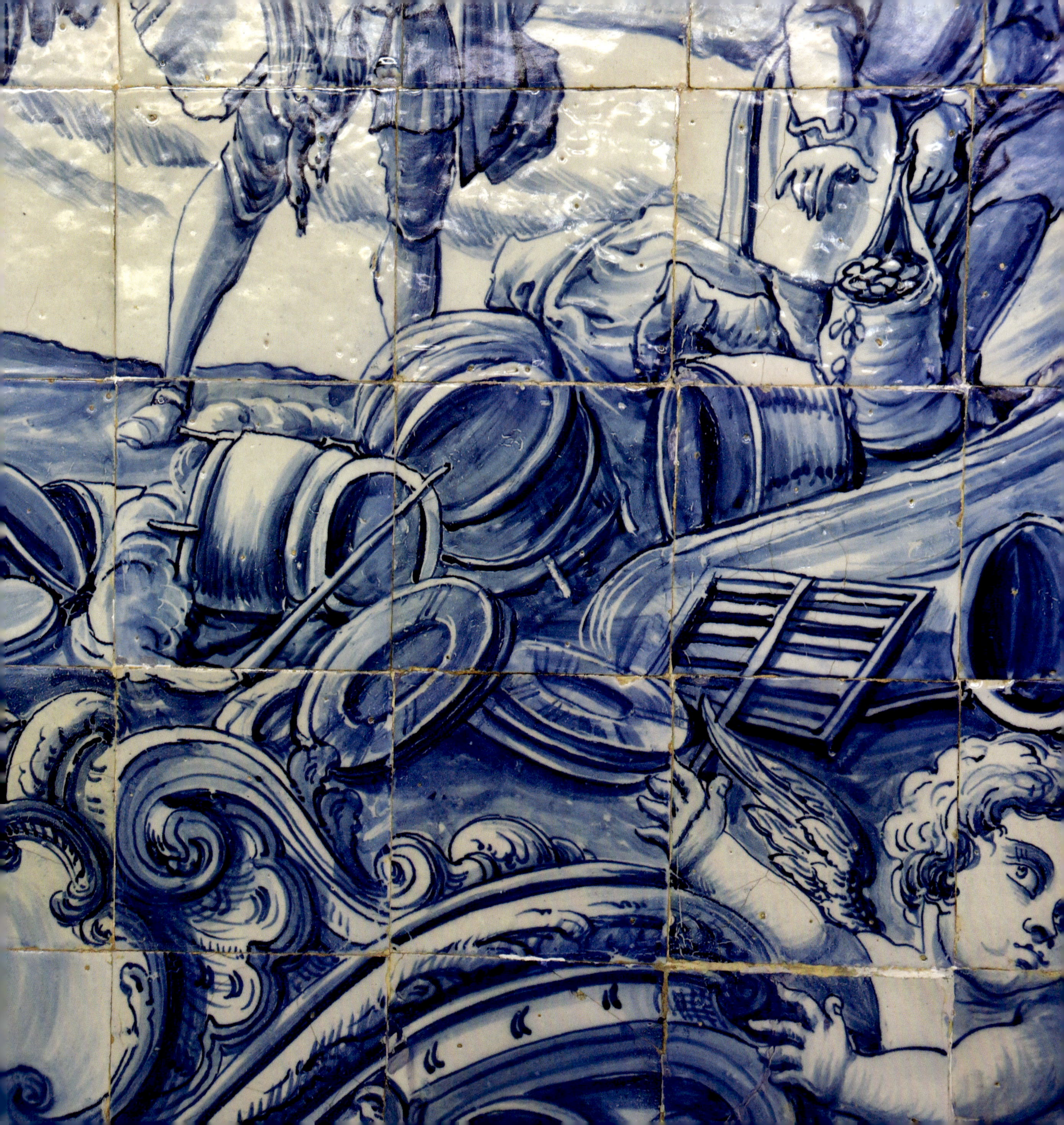

English translation

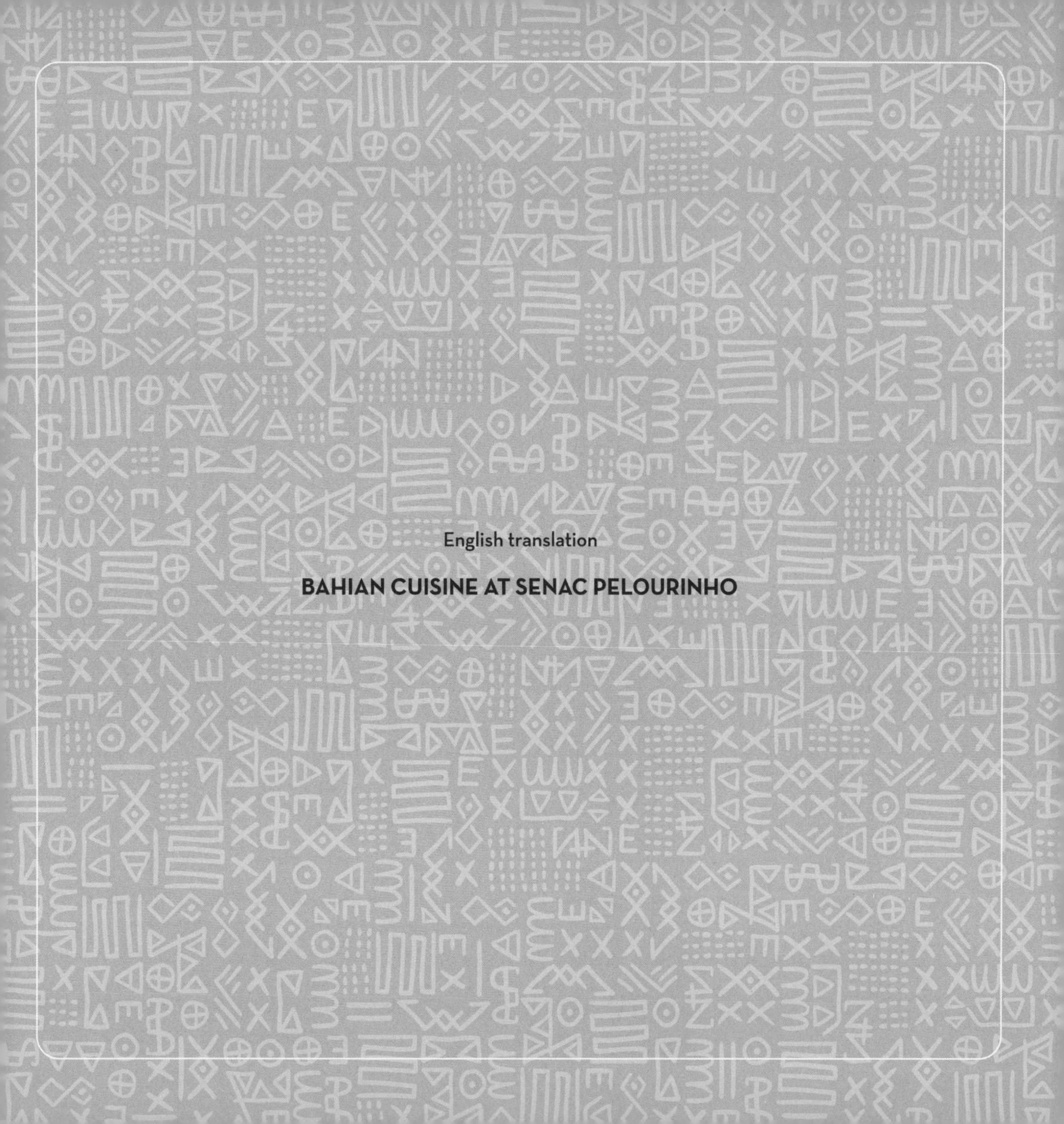

BAHIAN CUISINE AT SENAC PELOURINHO

INTRODUCTION

The best way to know Bahia is through the mouth.

The Bahia of *acarajé*, of *abará*, of *dendê*. The Bahia of the great multicultural adventure in Brazil, of the tasty mix of cultures that enchants tourists from all over the world, and promotes the state's economic and social development.

Senac is well aware of the importance of Bahia's cuisine – and of its cultural assets in general, tangible and intangible – as a factor of the state's development: in Bahia's soil since 1947, Senac always sought to value the trades in the various segments of gastronomy and tourism production chains, whose professionals make possible, day in and day out, the access of visitants and tourists to the identitary assets of Bahia. They are tourism operators and guides, cookers, waiters, hotel managers, taxi drivers, stall holders, baianas who sell street food, among other professionals from gastronomy, hospitality and receptive industries.

It's worth highlighting the pioneer initiative of Bahia's System Fecomercio/Sesc/Senac in acquire and restore four colonial townhouses from the 19th century, in the historical Pelourinho neighborhood, where it established the Training Center for Hotel Management and Tourism in 1974. The group of townhouses (nos. 15, 17 and 19 in José de Alencar Plaza, at Largo do Pelourinho) is located at the same site of the former Castelo de Santa Catarina and Portas do Carmo, and adjacent to the Church of Rosário dos Pretos, whose construction was concluded in 1781. It's possible that the buildings are in the same location of Quartel da Guarda, ancient fortification in Salvador. The numbers 17 and 19 housed, in the 20th century, relevant cultural institutions, as the capoeira academy of Mestre Pastinha and the headquarters of the afoxé Filhos de Gandhy. The house no. 19 is part of the architetural complex of Largo do Pelourinho, registered as a National Heritage site by Iphan (Brazil's Institute of National Historic and Artistic Heritage) and a World Heritage Site by Unesco.

Training Center for Hotel Management and Tourism houses, since its inauguration, a restaurant-school open to the public and devoted exclusively to regional cuisine, with a buffet of 40 traditional dishes and 20 varieties of desserts from Bahia. The Training Center, known as Senac Pelourinho, is widely considered a reference in Bahia's cuisine, which is corroborated by the establishment, in the site, of the Museum of Bahian Gastronomy.

The museum is a pioneering project in Brazil and presents food in different social and cultural contexts, highlighting its heritage value. It encompasses a long-term exhibition that presents to the visitor the historical, cultural and social aspects that formed Bahia's food systems. The walls of Santa Catarina (17th century), witnesses of the history of São Salvador, are integrated in the museum space. The museum also comprehends Senac's restaurant-school, which provides gastronomical experiences with its vast menu of dishes from the Recôncavo and sertão regions. Thus, the Museum of Bahian Gastronomy provides an overview of Bahia's cuisine, from the knowledge of ingredients, preparation technologies, utensils, ways of serving and eating rituals, to the concrete sensorial experience of a typical Bahian meal.

In parallel, there's the Nelson Daiha Art-Food Gallery, which houses the temporary exhibitions of the Museum.

Completing the circuit, there's Café & Chocolate, a place to enjoy a cup of coffee, browse the books from Senac's publishers about Brazilian cuisine, and to savour traditional sweets from Bahia. Integrated to the Museum, there's Sala São Salvador, created to maintain, conserve and exhibit the objects from the old Museus Portas do Carmo, which gave place to the current Museum of Bahian Gastronomy.

In the same way the visitor gets to know the ethnic and cultural influences of Bahia through the spaces of this pioneering Museum, the book *Bahian cuisine at Senac Pelourinho* guides the reader to explore the tastes, flavours and traditions of Bahia's cuisine.

The book's first edition was launched in 1999, as part of the "Formation of Brazilian Cuisine" collection, now with 13 published titles, and several national and international awards. This publishing initiative is part of the vaster scope of Senac's educational activities, and seeks to value national cuisine as one of the most remarkable cultural expressions of a people, as recommended by Unesco. For this reason, Senac preserves and registers regional cuisines as part of the cultural heritage, and not as a mere collection of recipes. In other words, the social and cultural formation of Brazilian people can be understood by its food, the way it's eaten, how it's eaten and also with whom it's eaten. Furthermore, the appreciation of regional cuisines is a valuable tourist attraction and, consequently, a factor that contributes to sustainable development and improves the quality of life.

This edition of *Bahian cuisine at Senac Pelourinho* has the collaboration of anthropologist Raul Lody, who is currently curator of the Museum of Bahian Gastronomy. Lody is a renowned researcher of the Anthropology of food and a scholar of Afro-Diasporic themes.

In the essay that introduces this work, the anthropologist highlights the diversity and richness of Bahia's cuisine, reflected not only in the plurality of ingredients or in the various forms of serving and eating, but also in the aesthetics and the culture that seasons the eating habits and the history of Bahia's people. In Bahia's table, there are grounded, mixed and moosh foods, "a heritage of the subsistence menus of African roots".

To record all this gastronomical wealth, an expressive selection of recipes was elaborated by the team of professors and students of Senac's restaurant-school, whom also took care, with the same enthusiasm, of preparing the dishes here presented.

The photos from Marisa Vianna, in this edition, immediately seduces the reader not only by its sheer beauty: magically, the images make us feel the aromas and flavors of Bahia's dishes straight out of the oven of Senac Pelourinho's restaurant.

The result of so much art and ingenuity has already been awarded by successive editions of the book and two prizes from the Brazilian Association of Corporate Comunication (Aberj). Now is up to you, dear reader.

Enjoy! *Axé*.

BAHIA'S FOOD HERITAGE AND ITS MULTICULTURAL CUISINES
Raul Lody

Bahia's cuisine is plural, rich and varied. It brings together different cultures and peoples who express their identities through ingredients, recipes and the social rituals of preparing and offering food. Tastes, smells and colors also bring back memories and historical references, which are interpreted, transformed and mixed with the food that forms the personality of this cuisine, which is African, European, Asiatic, Latin American – and reveals the original peoples of our territory.

Bahia's cuisines are marked by the use of *dendê* (red palm oil), guinea pepper, black pepper, fruits from India and Indonesia, sweets traditionally made in convents with egg yolks and a lot of sugar from sugarcane, aromatic syrups made of clove and cinnamon, by liqueurs, smoothies, soft drinks and ice creams with tropical flavors, which came together to form the Bahian style of eating.

Bahian recipes also bring the Iberian world, in particular, Portugal, which has become accustomed to cassava flour, *beijus* – some soaked in coconut and served on banana leaves – and *carimã* pasta, among others.

The kitchen is a large and generous social and economical place, in which are identified biomas, cultures, individuals and historical moments, revealing both traditional and creative ways of conceiving food habits and different menus, from the daily meals to the food served in festivities and religiosity. What is eaten is not separate from sound, gesture, color, forms, architecture, objects, aesthetics and the sacred – all of which make up the *ethos* of Bahian people and strenghten its identity.

Bahian food is to be eaten with the eyes, to be eaten by hand, to smear one's fingers in sauces, to gild one's mouth with red palm oil, thus allowing oneself to have a vivid experience of its flavors.

There is also the blending of faiths and religious devotions, which happen in daily life and especially during festivities. These events take place at homes, temples and their surroundings, squares, churchyards and in the streets – like the well-known Largo festivals.

Bahian cultural traditions mix catholic saints with different African gods – *orixás*, *voduns*, *inquices* –, to express ancestry, identity, social place and, especially, the sacred cuisines. These cuisines are real memorial spaces of wisdom and recovering of recipes from different African peoples which, through its food, embody affirmative actions of belonging and otherness. Thus, many recipes were preserved and are present in homes, fairs, markets, restaurants and notably in the sacred spaces of the *terreiros*.

The festivities celebrate special moments with collective meals, in which social ties are established or strengthened around a menu or an iconic dish. For instance, the saints Cosmas and Damian are celebrated with *caruru de Cosme*, *caruru-dos-meninos* or *caruru de ibejis*. For Saint Anthony, *trezenas* are held with litanies sung in Latin; after the prayers, jenipap liqueur, *mungunzá* (sweet white corn porridge cooked in coconut milk and cow's milk) and sweet rice puddin are served. At Christmas time, the traditional delicacy named *fatias de parida*, *fatias douradas* or *rabanadas* (bread dipped in egg-and-milk batter and sautéed until brown, akin to "French toast") are part of the celebration. In the Nago Candomblé religion, each of the *orixás* or gods and goddesses has his or her specific food, marking the liturgical calendar: *acarajé de Iansã*, *feijão de Ogum*, *ipeté de Oxum*, *pilão de Oxalá*, *amalá de Xangô*, and *ebô de Oxalá*. There's also the *ajeum*, an abundant offering of foods based on corn, beans, flour, okra, red palm oil, and meat from sheep, goats, and different kinds of fowl, served to the public of these festivities.

All silver fascinates me.
All African ivory.
All the silk from China.
(Olavo Bilac)

As beautiful as the Bahian meal table is the *Baiana of Acarajé* and her clothes. As is the case of the food that comes from different cultures, her clothing is also a combination of European and African motifs, with particular emphasis on Islamic traits. The clothing comprises an European style skirt, tunic and turban in Islamic style, and jewelry – necklaces, bracelets, earrings, and rings – of African and Iberic inspiration. The paid activities performed by slaves during the 18th and 19th centuries, known as *vendas* or *ganhos*, are reenacted by the baianas everyday – with their traditional clothes and trays (known as *tabuleiros*), in places consecrated by the aroma of hot *dendê* oil, which make the scenario for delicious encounters with *acarajés*, *abarás*, and *cocadas* (coconut sweet), among other delicacies.

The Bahian women cultivate customers and admirers who religiously celebrate the taste of red palm oil in almost divine dishes. For the dishes that require a lot of skill, knowledge, and, above all, vocation, as the Bahians say, one needs to have "kitchen hands".

Bahian's cuisine brings together different techniques which determine its flavors and gastronomic identities. Thus, the artisanal technologies of peeling, grating, pounding, sieving, smoking, grinding, soaking, cooking, frying and packaging are some of the processes that give different textures, flavors and consistencies to the food.

The aesthetics of Bahian cuisine is punctuated by the characteristics of the state's biomes: Atlantic Forest, mangroves, *caatinga*, and *cerrado*. In these scenarios, red palm oil and coconut milk reigns supreme in dishes like *moquecas*, coconut rice, shrimp, beans, flour, *carne-seca* and *carne de sol*, milk *pirão*, cheeses, stews, *buchadas*, *escaldados*, *rapadura*, *meninico*, *efó*, *frigideiras*, *xinxim*, porridge, cakes, *pamonhas*, fruits in syrup, among so many other delights to see and to eat.

"If it's plain manioc gruel
Don't call me to the table;
I'd rather die than eat
That old massapê[1]
[...]

When describing Portugal's colony, the Portuguese jurist, grammarian and historian Duarte Nunes de Leão observed: "Each slave receives in a sack (*carapetal*) his supply of fresh or roasted corn, manioc and cassava flour. [...] only rarely have time to make porridge (*afunge*) or a soup (*matete*) out of the corn". In addition, beans and *cachaça* (sugar cane liquor) were always present in the diet of enslaved Africans in Brazil.

The so-called "soft foods" include *pirão*, porridge, *vatapá*, *ipeté*, *bobó*, and *jacuba*.

There's no sermon without Santo Agostinho,
or casserole without toucinho.[2]
(Portuguese saying)

Bacon is usually added to the *papas* (salty porridges), which are served with spicy sauces. It is the fat that gives a twist to meats, vegetables and poultry, combined with red palm oil.

The soul of Bahian cuisine is consecrated to spices. Pepper to enhance flavors, sting the mouth and make the soul dream. The peppers that are used arrived from Africa, Portugal and the East, and there are also different red, green and yellow native fresh peppers from Brazil.

"Hot food or cold food" means food with or without pepper. There's a variety of peppers and of ways of using them to prepare the sauces.

Pimentinha (little pepper) is a nickname for the spicier *malagueta* pepper. *Pimenta-de-cheiro* is milder pepper. There is also the one called *dedo-de-moça*, which is a kind od chilli pepper. Besides those, there are the *cumari* pepper, *ataré* or *pimenta-da-costa* (Guinea pepper), and the *pimenta-da-guiné* (Guinea grains), known in Angola as *gindungo do Congo* and, in Brazil, as *pimenta-do-mato* or *pimenta-do-sertão*. There is also the true Indian pepper, known as pimenta-preta, or black pepper. This was the first kind to be known in Europe, and was exchanged for gold coins of the same weight.

Another symbol of Bahian cuisine is red palm oil or *dendê*. The red palm tree, or dendezeiro, is a monument to African cultures in Brazil. It's a sacred tree from which everything can be used. It symbolizes Ogum, the hero-*orixá*, who civilized the Yoruba people.

The dendezeiro (*Elaeis guineensis* Jacq.) arrived from Africa in the 17th century with different names: *dedem, ade-koi, aderjan, adobobe, de yá-yá, de kla, de chakun, fade, kissede, azeite-de-cheiro* (aromatic cooking oil) or simply *azeite* (oil). In Bahia, *comidas de azeite* is the term for the dishes made with *dendê*.

Dendê to eat and *dendê* to drink. Until the beginning of the 20th century, a fermented drink known by various names such as *vinho-de-palma, malafu, sura,* or *emún* could be found on the trays of the *baianas* in the streets of Salvador.

Palm oil production occurs almost exclusively in developing countries. In Brazil, in 2021, more than 2.8 million tons were produced, most of which is destined for the production of margarines and cosmetics, and also for the tinplate industry. The remainder is used for food.

The woman line is Carimá[3]
Muqueca, pititinga,[4] *caruru,*
puba[5] *porridge, wine from caju*
made in a pounder of Pirajá.

These verses from 1693 by Gregório de Matos are a poignant ethnographic record of women's sovereign work in the kitchen, a veritable womb of the home. Traditional Bahian cuisine is a place of women's power. They are the guardians of memories, recipes, and of the ways of cooking, offering and appreciating the joy of those who eat. It's the case of the *iabassês*, women that cook for the *orixás* and who prepare veritable feasts that are served to the public at the end of religious festivals. Cooking for the tabuleiros, home kitchens, fairs, markets and restaurants are also women's domain.

The lady of the house is good
and gives us
Bottle of wine
And sweet of araçá.[6]
(Verses of a *terno pastoril* from Bahia, traditionally sung by Christmas carolers as they went from door to door for food and drink in Bahia)

In Bahia's cuisine journey, the sweets are a true legacy from Portugal. This heritage expands, adapts and transforms itself by the new native ingredients from the land.

In Bahia, tropical creations coexist with centuries-old recipes, coming from overseas, from the traditions of medieval convents, popular Iberian sweets and the broad relationship between Portugal and Asia.

"In the 14th century, in addition to other sweets, candies, and comfits, it was common in Portugal to savor a comfit called alféola, of Arab origin [...]

---

1 *Massapê*: the dark clay soil from the *Recôncavo*, a reference to geophagy among the undernourished slaves.
2 Bacon.

3 Cake made of fresh, untoasted cassava flour.
4 Type of tiny fried fish.
5 Porridge made of fermented cassava.
6 *Psidium littorale*, a kind of wild guava.

Perhaps due to Arab influence, reinforced by contact with the Oriental tropics, the Portuguese cuisine that was passed on to Brazil concentrated on sugar (...) thus, from the very beginning of this transmission of cultural values, confectionery in Brazil was extremely sweet."
(Gilberto Freyre, in *Açúcar: uma sociologia do doce, com receitas de bolos e doces do Nordeste do Brasil*)

Contact with sweet flavors in Brazil already occurred through a variety of native fruits in addition to honey, all highly prized by both the indigenous peoples and Africans.

The concept of *doce* (sweet) is symbolically expanded in Brazilian popular culture with references to affection and lovingness. In the Brazilian oral tradition one hears "you're sweet", "you're a coconut sweet", a *"quindim"* and other affectionate terms equating sweetness and goodness.

Sweets appear on the meal table, on vending trays in the streets, as desserts, as snacks, or as emblematic treats in the feasts of gods and men.

On the sweet Bahian table, there are both foods anointed by palm oil and foods with sugar. The following is is a partial list of the countless Bahian sweets, jams, candies, and comfits: *alféloa*, *amigueiro*, *ambrosia*, *bolinho de estudante* (student's cake), *beijo de jenipapo* (genipap kiss), *bolinho de goma* (tapioca cakes), *bolo de aipim* (cassava cake), *baba de moça* (literally "damsel's drool"), *aponom*, *bembém*, *busca-marido* (seek-a-husband), *espera-marido* (wait-for-husband), *brevidade* (brevity), *cocadas* (coconut sweets) made with papaya, pineapple, peanuts, *cocada de araçá*, tamarin sweet, corn *lelê*, milk *acaçá*, corn *pamonha*, among many other delights. Thus, so sugary, so Portuguese, so Afro-Islamic, so Bahian, a baroque Bahia that expresses itself through its sweets, in its own way of showing and translating the concepts of beauty and taste.

What and how one eats evidences commensality, revealing rituals of appreciation at the table. In this way, civilizations are established, identities and social ties are formed around food and drinks, generating various references that culminate in the feeling of belonging and encounter at the moments shared in front a dish.

Plural, multicultural, multi-ethnic, diverse, and yet unique. Bahia's cuisine is a living portrait of stories and emotions, plenty of unforgettable flavors.

MUSEUM OF BAHIAN GASTRONOMY
Where the visitor eats the museum

The tastes of Bahia spring from the relations between environment and culture, whether in the choice of ingredients or in the interpretations of the social rituals of eating. Taste is a construction, it happens in the mouth, but integrates the senses of sight, smell, and touch. Taste relates to belonging to a history, a territory, an ethnic matrix.

The multicultural Bahia reveals itself in the varied cuisines from the Recôncavo, the hinterland, the areas between the coast and the roads that lead to Chapada Diamantina, and also from the South of the state.

Based on this valuable heritage, Senac Bahia took on an innovative work: the creation of the Museum of Bahian Gastronomy, on August 15th, 2006, a pioneering initiative in Brazil and Latin America. The Museum occupies a set of buildings in Largo do Pelourinho, with cultural and educational spaces that integrate Bahia's environment and cultural heritage, where visitors have the opportunity to learn about the food systems of Bahia and taste the richness of Bahian cuisine.

The complex comprises seven different spaces: a long-term exhibition, the Bahia Bar, the Restaurant-School, the Mestre Pastinha and Dona Romélia room, the Café & Chocolate cafe, the História & Sabor restaurant, and the Nelson Daiha Art-Food Gallery. This entire circuit values the magnificent architecture of Largo do Pelourinho, recognized as a World Heritage Site by Unesco (1985).

The Museum plays a formative role in different fields of knowledge, offering pedagogical experiences with added social, patrimonial, and professional values – therefore honoring its commitment of supporting an education that promotes the exercise of citizenship and cultural rights. That is the mission of the Museum of Bahian Gastronomy, whose dynamic project echoes Senac's institutional purposes of valuing professional training and qualification for the market, as well as cultural and social life.

Long-term exhibition
The space houses two galleries with aa permanent exhibition that offers a comprehensive introduction to the food systems of Bahia and its connections with the multi-ethnic formation of the Brazilian table. The space also comprises part of the Muralhas de Santa Catarina (Santa Catarina Wall), an important archeological testimony of the city of São Salvador.

Bahia Bar
A space dedicated to the drinks from Bahia, where it is also possible to have special gastronomic experiences.

Restaurant-school
A place where visitors can have a rich gastronomic experience, with traditional foods that represent Bahia's multiculturalism.

Mestre Pastinha and Dona Romélia Room
A space that pays tribute to the African roots of Bahian culture.

"Bahian Gastronomy in the World" Gallery
Collection of photographs showing the spreading of Bahian gastronomy in different countries by Senac.

Café & Chocolate
A space that values the coffee, cocoa, and chocolate produced in Bahia, and offers delightful

gastronomic experiences. The space also features a small bookstore specialized in gastronomy and hospitality.

História & Sabor Restaurant

A place for gastronomic experiences that emphasize the daily cuisine from Bahia and other regions.

Nelson Daiha Art-Food Gallery

Space for temporary exhibitions with themes related to Bahia's food heritage.

:: SAVORY DISHES ::

ABARÁ

The ingredients for *abará* and *acarajé* are the same. But while *Abará* is cooked in steam, *acarajé* is deep fried in *dendê*, or red palm oil.

Abará is made of bean dough wrapped in a banana leaf, which has been cooked first to make it more pliable. The same steam cooking process is used with *acaçá*, a dish of the *orixá* Oxalá, made with an unseasoned white corn dough.

INGREDIENTS
- 1 kg cowpeas, split
- 200 g dried shrimp, ground
- 100 g cashew nut, ground
- 100 g peanut, ground
- 3 onions, minced
- 200 ml red palm oil
- 1 tbsp ginger, grated
- 1 tbsp salt
- 3 to 4 large banana leaves

METHOD
Soak the cowpeas for 5 hours, wash and peel the beans. Grind the beans in a cereal mill, turning them into a paste. Stir the paste with a wooden spoon. Pulse the dried shrimp, cashew nuts, peanuts and onions in a food processor until blended, and add them to the paste, blending until smooth. Add red palm oil, ginger and salt, and stir again. Pass the banana leaves over a flame until they become flexible. Then remove the central stalk and cut into pieces. Wrap portions of the dough in a banana leaf following the traditional folding method and steam for approximately 30 minutes.

PREPARATION TIME
40 minutes to 1 hour (except soaking time).

YIELD
Approximately 30 small *abará*.

NOTE
At Senac Pelourinho's Restaurant-School, the *abará* recipe is complemented by "fundo misto" ("mixed base"), which is made with dried shrimp, peanuts and cashew nuts.

ACARAJÉ

Acarajé is part of the traditional Bahian diet. It comes from West African peoples, in particular, the Yoruba. In the Yoruba language, "acarajé" means "cake" or "bread" (*akará*) and "to eat" (*jé*), that is, "to eat cake". This is, without a doubt, one of the most striking foods in the Bahian food identity. And because of its great cultural and gastronomic relevance, in December 2004, Iphan recognized the activities of the *Baianas of Acarajé* as a Brazilian Cultural Heritage. In the trays of the *baianas*, *acarajé* can be eaten with Nagô sauce (pepper sauce), *vatapá* and *caruru*.

INGREDIENTS
- 1 kg cowpeas, split
- 1 large onion, minced
- Salt to taste
- 500 ml red palm oil

METHOD
Soak cowpeas for 2 to 4 hours, wash, and then peel the beans. Grind the beans in a cereal mill, turning it into a paste. Add the onion and salt. Stir the dough with a wooden spoon so that it ferments and becomes lighter. Shape it with a tablespoon and deep fry it in red palm oil until golden.

PREPARATION TIME
30 to 50 minutes (except soaking time).

YIELD
20 servings.

ARROZ DE COCO
COCONUT RICE

INGREDIENTS
- 500 g rice
- 500 ml filtered water
- 200 ml coconut milk
- 1 medium onion, minced
- 1 tbsp salt
- 100 g coconut, grated

METHOD
Wash and drain the rice. Reserve. Mix the water, coconut milk, onion, salt and bring to a boil. Add the rice and let it cook until it runs low on water. Place grated coconut over the cooked rice and serve while still hot.

PREPARATION TIME
20 to 30 minutes.

YIELD
10 servings.

ARROZ DE HAUÇÁ
HAUÇÁ RICE

INGREDIENTS
- 50 ml red palm oil
- 1 large onion, minced
- 200 g smoked dried shrimp
- 200 g beef jerky strips
- 500 g cooked white rice
- 1 tbsp chopped cilantro
- 1 tbsp scallion, chopped
- 1 tsp salt

METHOD
Heat a pan, add the red palm oil and sauté the onion, the dried shrimp, and the jerky. Then add the rice, the cilantro, the green onion, and the salt. Serve hot.

PREPARATION TIME
30 to 40 minutes.

YIELD
15 servings.

ARROZ DE MARISCO
SEAFOOD RICE

INGREDIENTS
- 50 ml olive oil
- 5 cloves of garlic, minced

- » 1 large onion, minced
- » 1 green bell pepper
- » 2 processed tomatoes
- » 100 g tomato extract
- » 100 ml lime juice
- » 100 g cleaned oyster
- » 100 g cleaned charru mussels
- » 200 g cleaned fresh shrimp
- » 500 g cooked white rice
- » 3 tbsp chopped cilantro
- » 1 tbsp salt

METHOD Heat a pan, add olive oil, garlic and onion and sauté. Add the bell pepper, tomato, tomato extract, lime, oyster, charru mussel, shrimp, cooked rice, salt and cilantro. Serve hot.

PREPARATION TIME
30 to 40 minutes.

YIELD
20 servings.

NOTE Mussels, crab and squid can also be added to this recipe.

BACALHAU À BAIANA
BAHIAN STYLE CODFISH

"Break the coconut, break the coconut on Piá slope!
When there's a ripe coconut
You only get coconuts there!"
(Scout Song)

INGREDIENTS
- » 200 ml coconut milk
- » 100 g tomato extract
- » 100 ml olive oil
- » 5 cloves of garlic, minced
- » 2 large onions cut into medium-sized cubes
- » 1 large green bell pepper
- » 3 to 4 large tomatoes cut into medium-sized cubes
- » 1 kg desalted codfish
- » 50 ml lime juice
- » 1 tsp salt
- » 1 tbsp cilantro

METHOD Mix the coconut milk and the tomato extract and set aside. Heat a pan and sauté the garlic and then the onion. Add the bell pepper and the tomato. Add the mixture of tomato extract and coconut milk until cooked, and then add the codfish. Finish with lime, salt and cilantro and serve still hot.

PREPARATION TIME
50 minutes to 1 hour.

YIELD
20 servings.

BOBÓ DE CAMARÃO
SHRIMP BOBÓ

The *bobó* base can be made of cassava, yam, beans, breadfruit – always adding red palm oil. In Nigeria, the yam "pirão", without spices, is called *amalá*; and when added to shrimp and red palm oil, it is called *peté* or *ipeté*. These African recipes form the gastronomic basis of Bahian *bobó*, which is usually served with white rice.

INGREDIENTS
- » 1.2 kg cassava or yam
- » 3 tsp salt
- » 120 ml coconut milk
- » 120 ml red palm oil
- » 5 ground onions
- » 1.2 kg fresh shrimp without shell
- » 150 ml heavy cream

METHOD Peel and cook the cassava or yam in water and salt. After cooked, put it in a blender with a little of the cooking broth and some of the coconut milk, turning it into a purée. Set aside.
In a pan, sauté the ground onion and the shrimp in red palm oil. Then add the cassava purée and the rest of the coconut milk and bring it to a boil. With the fire turned off, add the heavy cream. Serve immediately.

PREPARATION TIME
40 minutes to 1 hour.

YIELD
6 servings.

CARURU

"Saint Cosmas asked to make two little shirts in blue
On the day of his feast, Saint Cosmas wants *caruru*."
(Chanting of Saints Cosmas and Damian)

Caruru is one of the emblematic dishes of the Bahian table, like *acarajé* and *vatapá*. At the feasts of Cosmas and Damian, or the *mabaços*, besides this main dish based on okra and red palm oil, usually served in a round wooden bowl, there is always *abará*, *acaçá*, popcorn, *rapadura*, fruit (especially sugar cane), red palm oil *farofa*, *queimados* (sweets), yams, sweet potatoes, and fried bananas. Wine, soft drinks, and *aluá* are drunk. About the making of *aluá*, the Bahian intellectual Manuel Querino, in *Costumes africanos no Brasil* (1938), describes the recipe still in use in Bahia: "Corn that has remained in water for three days gives it a sour taste, of bitterness, due to its format. Strain the water, add pieces of rapadura and, after diluting it, you have a pleasant and refreshing drink.

INGREDIENTS
- » 1 kg okra
- » 3 large onions, peeled and processed
- » 200 g dried shrimp
- » 100 g cashew nuts, peeled and processed
- » 100 g roasted, peeled and processed peanuts
- » 100 ml red palm oil
- » 2 liters fish broth
- » 1 tbsp processed ginger

METHOD Slice the okra and set aside. Process half of the onion, half of the shrimp, the cashew nuts, the peanuts and set aside. In a large pan, sauté the onion, the okra and the shrimp in red palm oil. Add the fish broth and the other ingredients and cook for about 30 minutes. Serve it still hot.

PREPARATION TIME
40 minutes to 1 hour.

YIELD
12 servings.

CASQUINHA DE SIRI
CRABMEAT IN THE SHELL

INGREDIENTS
- 100 ml coconut milk
- 50 g tomato extract
- 10 ml olive oil
- 10 cloves of garlic, chopped
- 1 large onion, chopped
- 1 large green bell pepper, chopped
- 3 chopped tomatoes
- 500 g pickled crab
- 100 ml lime juice
- 2 tbsp chopped cilantro
- Salt to taste

METHOD
Mix the coconut milk and the tomato extract and set aside. Heat a pan and sauté the garlic and then the onion in olive oil. Add the bell pepper, the tomato and the mixture of the tomato extract and the coconut milk. Then add the crab and cook for approximately 20 minutes. Finish with lime, salt and cilantro. Suggestion: serve it in the crab's shell.

PREPARATION TIME
20 to 30 minutes.

YIELD
10 servings.

COZIDO
STEW

Very often, stews are transformed into soups, which have a reputation for being a very substantial and rich food that nourishes well. Like *feijoada*, the stew is a dish of many ingredients, many mixtures, and, above all, of those who master creativity in the kitchen.

INGREDIENTS
- 10 ml oil
- 100 g bacon
- 600 g desalted beef jerky cut into cubes
- 500 g shoulder clod cut into cubes
- 300 g *calabresa* sausage
- 1 head of garlic, chopped
- 3 large onions, chopped
- 2 chopped green peppers
- 6 chopped large tomatoes
- 40 g tomato extract
- 1 tbsp black pepper
- 5 bay leaves
- 3 kg assorted vegetables (pumpkin, carrot, okra, cabbage, kale, English potatoes, sweet potatoes, plantains, maxixe and scarlet eggplant)
- ½ bunch of mint
- 3 liters water
- 500 g cassava flour
- Salt to taste

METHOD
Heat a pan, add the oil and fry the bacon, the desalted jerked beef, the shoulder clod meat and the *calabresa* sausage. Set the meat aside. In the same pan, sauté the garlic, the onion, the bell pepper, the tomato and the tomato extract. Add black pepper, bay leaf, salt, and the meat that had been set aside. Cook until the meats are tender. Add the firm vegetables 10 minutes earlier than the rest. Then add the more tender vegetables and the mint, cover all the elements with water and cook for another 10 minutes. Remove the whole soft vegetables from the pot. After cooking, separate the meat, vegetables and broth. Use the broth to make the "pirão", mixing cassava flour until it point of purée. Adjust the salt in the pirão before finishing it. Serve the cooked meats, the pirão and the vegetables in separate dishes.

PREPARATION TIME
1 hour and 40 minutes to 2 hours.

YIELD
25 servings.

DOBRADINHA
TRIPE STEW

INGREDIENTS
- 500 g white beans
- 150 g *salpresa* (pork jerky) cut into strips
- 150 g beef jerky cut into strips
- 500 g beef tripe cut into strips
- 120 g white bacon cut into strips
- 150 g *calabresa* sausage cut into strips
- 5 bay leaves
- 10 ml oil
- 10 cloves of garlic, minced
- 1 large onion, chopped
- 1 green bell pepper, chopped
- 4 large tomatoes, chopped
- 100 g tomato extract
- 1 tsp ground black pepper
- 1 tsp salt
- ½ bunch mint, chopped

METHOD
Soak the beans for 2 hours. Desalt the meat, poach the tripe and set aside. Cook the tripe separately with water, salt and bay leaf. Sauté the bacon, beef jerky, *salpresa*, *calabresa* sausage, garlic, onion, bell pepper and tomato in oil. Add tomato extract and black pepper. Add water to cook, add the white beans, let it cook for 1h30. Add the tripe, let it cook for another 30 minutes and finish with mint. Serve hot with white rice and cassava flour.

PREPARATION TIME
2 hours to 2 hours and 20 minutes (except soaking time).

YIELD
20 servings.

EFÓ

A dish that is also part of the *candomblé* menu, especially during the festival of the *orixá* Omolu, in a collective ceremony called Olubajé. It can be made from different leaves, such as mustard greens, *capeba*, *bredo-de-santo-antônio*, *alumã*, among others.

INGREDIENTS
- 500 g *taioba*
- 60 ml red palm oil
- 1 large onion, processed
- 30 g dried shrimp, whole
- 30 g dried shrimp, ground
- 40 g peanuts, ground
- 80 ml coconut milk
- Salt to taste

METHOD
Place the *taioba* in boiling water for 30 seconds and then quickly cool it in ice water. Rinse the leaves, and then process or chop them and set aside. In a pan, heat

the red palm oil. Add the onion, the dried shrimp (whole and ground), the peanut, and the coconut milk, and cook for 10 minutes. Then add the *taioba* and cook for another 10 minutes. Mix together and serve with white rice and/or fish.

PREPARATION TIME
20 to 30 minutes.

YIELD
10 servings.

ERAN PATERÊ

INGREDIENTS
- 500 g beef steaks
- ½ tsp ground black pepper
- 1 tsp salt
- 40 g cassava flour
- 60 ml red palm oil

METHOD Marinate the steaks with salt and black pepper and let them rest for 2 hours. Bread the beaf in cassava flour. Heat the red palm oil and fry the breaded steaks. Serve with rice, *caruru* and *efó*.

PREPARATION TIME
2 hours and 30 minutes.

YIELD
10 servings.

ESCALDADO DE PERU
STEWED TURKEY

"This turkey that is here
Yesterday died soggy;
I warn the groom
to eat it carefully..."
(Câmara Cascudo, in *História da alimentação no Brasil*)

A type of stew with roasted turkey pieces, greens, vegetables, and other ingredients, served with a *pirão* made from the turkey's broth.

INGREDIENTS
- 1.5 kg roast turkey
- 20 ml vegetable oil
- 80 g white bacon, cut into medium-sized cubes
- 2 cloves of garlic, minced
- 1 large onion, chopped
- 2 large tomatoes, chopped
- ½ tsp ground black pepper
- 1½ tbsp tomato extract
- 1 tsp olive oil
- 2 bay leaves
- 2 sprigs of mint
- 1 green bell pepper, chopped
- 2 kg vegetables (potatoes, carrots, okra, maxixe, plantains, squash, and scarlet eggplant), chopped
- Salt to taste

METHOD Cut the roasted turkey into pieces and set it aside. In a pan, sauté the bacon, garlic, onion and tomato in oil, adding black pepper, tomato extract and a little olive oil. Add the chopped turkey, the bay leaves, the mint, the greens and the vegetables. Cover the ingredients with water and cook for 35 minutes. Serve with a *pirão* made from the turkey's broth.

PREPARATION TIME
1 hour to 1 hour and 20 minutes.

YIELD
6 servings.

FAROFA AMARELA
YELLOW FAROFA

Farofa de dendê, *red palm oil farofa*, or cassava flour toasted in red palm oil (*dendê*), is both a daily staple and an integral part of feasts.

The cassava flour is a staple in Northeastern Brazil table. And, in Bahia, they are complemented specially by peppers. The cassava flour can be finely ground, like that from the *Reconcâvo*, or a coarse meal. It can be heavily or lightly toasted, with special seasonings and creativity in working up the mixture.

Farofa is made in a number of different ways. Made and served at the table, on one's plate, it's the perfect combination for the sauces and juices of the other dishes. *Farofa* is the final touch to a great meal.

INGREDIENTS
- 250 ml red palm oil
- 2 large onions, chopped
- 100 g dried shrimp
- 1 kg cassava flour
- Salt to taste

METHOD In a pan, sauté the onion in red palm oil. Then add the dried shrimp and the cassava flour. Stir slowly to toast the flour until it becomes crispy. Finish with salt.

PREPARATION TIME
15 to 20 minutes.

YIELD
15 to 20 servings.

FAROFA DE SABIÁ
SABIÁ FAROFA

INGREDIENTS
- 500 g cassava flour
- 40 ml milk
- 2 tbsp soybean oil
- 1 small onion, chopped
- 1 red bell pepper, chopped
- 2 whole chili peppers
- 100 g desalted and shredded beef jerky

METHOD Moisten the flour with the warm milk, stir quickly and set aside. In another pan, sauté the onion, the bell pepper, the chili pepper and the shredded beef and add to the mixture of cassava flour and milk. It is a great side dish to roasted or grilled meat.

PREPARATION TIME
20 to 30 minutes.

YIELD
10 to 15 servings.

FEIJÃO-DE-LEITE
BEANS IN COCONUT MILK

INGREDIENTS
- 500 g *mulatinho* beans (common beans)
- 1 tsp salt
- 120 ml coconut milk
- 60 g sugar

METHOD Cook the beans with salt. Process the beans with some of the cooking water, coconut milk and the sugar. Bring to a boil and serve hot.

PREPARATION TIME
20 to 30 minutes.

YIELD
6 to 10 servings.

FEIJÃO-FRADINHO OU FEIJÃO-DE-AZEITE
COWPEA OR OLIVE BEAN

"Eating beans
Drinking cachaça
This way with pleasure
You can still get by."
(Popular song)
"At six o'clock in the morning
The man goes to the market
Makes the day's expenses.
Thinks he's rested
Buys flour and beans,
Meat, sugar, coffee, bread,
Vegetables, fruit and bacon.
She says – didn't you remember?
Why didn't you buy
garlic, pepper and cumin?"
(Leandro Gomes de Barros)

The cowpea is present in several dishes of the Bahian cuisine. It is the fundamental ingredient of *acarajé* and *abará*. The cowpea is also the base of the *omolocum*, a *candomblé* dish.

INGREDIENTS
» 1 kg cowpeas
» 70 ml red palm oil
» 2 large onions, grated
» 80 g dried shrimp, ground
» 30 g whole dried shrimp, head and tail removed
» 80 g roasted cashew nuts, peeled and ground
» 80 g roasted peanuts, peeled and ground
» 2 tbsp chopped cilantro
» Salt to taste

METHOD Soak the beans for 1 hour. Cook the beans with water and salt and set them aside. Sauté the onion, the dried shrimp, the cashew nuts, and the peanuts in red palm oil. Then add the cooked beans. Mix the ingredients and finish with the cilantro.

PREPARATION TIME
1 hour and 10 minutes to 1 hour and 30 minutes (except soaking time).

YIELD
10 to 15 servings.

FEIJÃO-TROPEIRO
"MULE RIDER" BEANS

"Cassava flour and beans sustain a Christian."

This is a traditional dish for travelers, especially mule riders, who still lead their packs of beasts of burden across the Bahian hinterlands.

INGREDIENTS
» 400 g common beans
» 80 g white bacon
» 200 g beef jerky
» 200 g *calabresa* sausage
» 2 tbsp soybean oil
» 1½ onion, chopped
» 80 g cassava flour
» 2 hard-boiled eggs
» 1 bunch of chives
» 2 tbsp chopped cilantro
» Salt to taste

METHOD Cook the beans in water and salt. Once cooked, drain the water and let it cool. Cut the white bacon, the jerked beef, and the *calabresa* sausage into medium-sized cubes. Sauté them in oil until the meats caramelize. Reserve some of the bacon to finish. Add the onion and let it cool. Add the beans, the cassava flour, the chopped hard-boiled eggs, the cilantro, and the chives. When serving, garnish the dish with fried bacon and chives. Serve with roasted or grilled meat.

PREPARATION TIME
50 minutes to 1 hour.

YIELD
10 servings.

FEIJOADA BAIANA
BAHIAN FEIJOADA

Feijoada is considered by many to be the most national and popular dish in Brazil, and is a favorite among people of all classes throughout the year. There are different recipes – with black beans, kidney beans, yellow beans… –, some even with vegetables. There is no definitive recipe for *feijoada*, and each state or region has its own favorite.

INGREDIENTS
» 600 g beef jerky
» 160 g bacon
» 400 g shoulder clod beef
» 320 g pig's tail
» 240 g pig's ear
» 480 g *salpresa* (jerky pork)
» 480 g pork foot
» 320 g chorizo or paio sausage
» 480 g smoked pork ribs
» 1 kg *mulatinho* beans
» 5 cloves of garlic, minced
» 2 medium onions, chopped
» 4 ripe tomatoes, chopped
» 100 g tomato extract
» 1 tbsp ground black pepper
» 2 liters water
» 5 bay leaves
» ½ bunch of mint
» ½ bunch of chives
» 1 tsp salt

METHOD Desalt the meat in cold water for 72 hours, keeping it in the refrigerator. Hydrate the beans for 4 hours, keeping them in the refrigerator. In a large pan, sear the meats: start with the bacon, the pork pieces and the jerked beef and end with the ribs. Set them aside. Next, in the same pan, sauté the garlic, the onion, the tomatoes, the tomato extract and the black pepper. Add water and the meats, and let them cook for 1 hour. Add the beans and the bay leaf. Cook for about 1 hour. Finish with mint, chives and salt, if necessary.

PREPARATION TIME
2 hours to 2 hours and 30 minutes (except soaking time).

YIELD
20 servings.

FRANGO ENSOPADO
CHICKEN STEW

INGREDIENTS
- 1 kg whole chicken
- 10 ml lime juice
- 30 ml vinegar
- 20 ml soybean oil
- 50 g white bacon
- 1 head of garlic, minced
- 2 small onions, chopped
- 1 green bell pepper, chopped
- 4 large tomatoes, chopped
- 50 g tomato extract
- 1 tbsp chopped mint
- 1 tbsp chopped chives
- 1 tsp ground black pepper
- Salt to taste

METHOD Cut the chicken at the joints and wash it with lime and vinegar. Season the chicken with salt and black pepper and sauté it in oil with the bacon, garlic, onion, bell pepper, tomato and tomato extract. Add water little by little, if necessary. Let it cook and finish with the mint and the chives. Serve with rice.

PREPARATION TIME
40 to 50 minutes.

YIELD
10 to 12 servings.

FRIGIDEIRA DE BACALHAU
CODFISH FRIGIDEIRA

The *frigideira* (literally, frying pan) is a type of dish that appears with different bases. It can be made with *maturi* (green cashew nuts), fish, dried meat, shrimp, among many others.

INGREDIENTS
- 400 g codfish
- 30 ml olive oil
- 1 medium onion, chopped
- 1 large tomato, chopped
- 1/4 bunch of cilantro
- 1 green bell pepper, chopped
- 40 ml coconut milk
- 6 beaten eggs
- ½ tsp yeast
- Salt to taste
- Butter for greasing the pan

METHOD Desalt the codfish by soaking it in a bowl with water and cassava flour for at least 8 hours. When it is time to start cooking, preheat the oven. Shred and sauté the cod in olive oil with the onion, tomato, cilantro and bell pepper. Add the coconut milk. Spread this sauté in a buttered baking pan and cover it with the beaten eggs mixed with baking powder. Bake in the oven at 160 °C (320 °F) for 20 minutes. Serve with rice.

PREPARATION TIME
30 to 40 minutes (except soaking time).

YIELD
6 servings.

GALINHA AO MOLHO PARDO
CHICKEN IN BROWN GRAVY

"Chicken in the pot?
I like it a lot!"

This dish is also known in some areas of the Northeastern Brazil as *cabidela* chicken. In Portugal it is a kind of *guisado* or hash made of innards and bits (liver, gizzard, neck, and wing tips) from different types of poultry.

In *A arte culinária na Bahia*, Manuel Querino describes the recipe for chicken in brown sauce:

"Before slitting the bird's throat, pour a little vinegar in the bottom of a basin to cash the blood. After plunging the dead bird in boiling water, pluck the feathers, singe the bird over a flame to remove any remaining down, rinse it in lime juice and water, and cut into pieces. Season with salt, vinegar, garlic, butter, cumin, ground black pepper, mint, onion, tomato, bacon, and chorizo sausage and set to cook on stove. Then mix the vinegar and blood, or the brown gravy, and as you pour it on, stir it with a wooden spoon for the blood to curdle."

INGREDIENTS
- 1 kg whole chicken
- 2 limes
- 20 ml soybean oil
- 50 g white bacon
- 4 cloves of garlic, chopped
- 2 medium onions, chopped
- 1 green bell pepper, chopped
- 4 large tomatoes, chopped
- 2 tbsp tomato extract
- 100 ml water
- 120 ml chicken blood
- 30 ml vinegar
- ½ tbsp black pepper
- 1/3 mint, chopped

METHOD Cut the chicken at the joints and wash it with lime. Season the chicken with salt and black pepper and sauté it in oil with bacon, garlic, onion, bell pepper, tomato, and tomato extract. Add the water little by little, until it covers the chicken, if necessary, and let it cook until it is tender. In a separate bowl, mix the blood with the vinegar and sieve it. When the chicken is pre-cooked, add the sieved blood. Let it cook for another 10 minutes, and finish with mint. Serve with white rice.

PREPARATION TIME
40 to 50 minutes.

YIELD
20 servings.

MAXIXADA
MAXIXE STEW

INGREDIENTS
- 400 g jerked beef cut into medium-sized cubes
- 400 g white bacon cut into medium cubes
- 80 g shoulder clod beef cut into medium-sized cubes
- 1 head of minced garlic
- 2 small onions, chopped
- 1 green bell pepper, chopped
- 4 chopped tomatoes

- » 50 g tomato extract
- » 200 g calabresa sausage cut into medium cubes
- » 400 g maxixe cut into slices
- » 80 g dried shrimp without head and tail
- » 2 tbsp mint, chopped
- » 1 tsp black pepper
- » Salt to taste

METHOD Poach the *carne-seca* to remove the salt. Sauté the jerked beef with white bacon, the shoulder clod beef, garlic, onion, bell pepper, tomato, tomato extract and black pepper. Add enough water to cover and cook the meat. When they are almost cooked, add the sausage, the maxixe, the dried shrimp and the mint. Adjust the salt, if necessary. Serve with white rice.

PREPARATION TIME
1 hour to 1 hour and 10 minutes.

YIELD
10 to 12 servings.

MOQUECA DE ARRAIA
STINGRAY MOQUECA

Portuguese gastronomic experiments on the coast of Brazil in the 1500s added a new element to the indigenous custom known as *moquém*, or smoking/slow-cooking meat over a fire. This was akin to grilled meat in Portugal, or another European technique known as *fumeiro*, or smoking meat. *Moquém* has the advantage of preserving food and sealing in it a special taste. The name *moqueca* is probably related to the name moquém because of the practice of placing the ingredients in layers and then smothering them for cooking.

In Bahian cuisine, the *moqueca* has expanded to include both baked and stewed dishes, adding elements such as red palm oil and coconut milk.

INGREDIENTS
- » 500 g stingray without skin
- » 10 ml lime juice
- » 1 tbsp chopped cilantro
- » 5 cloves of minced garlic
- » 2 tomatoes cut in half-moons
- » 1 onion cut in half-moons
- » 80 ml coconut milk
- » 40 ml red palm oil
- » 1 tsp salt

METHOD Cut and wash the stingray with half of the lime juice. Season with cilantro, salt, garlic and the other part of the lime juice. In a pan used specifically for cooking *moqueca*, place the seasoned stingray with the tomato and the onion. Add the coconut milk, the red palm oil, and the salt and let it rest until the meat gets some of its flavor. Cook and finish with the cilantro. Serve with rice, yellow *farofa*, *vatapá* or *caruru*.

PREPARATION TIME
30 to 40 minutes.

YIELD
10 servings.

MOQUECA DE CAMARÃO
SHRIMP MOQUECA

"For moqueca to be good, it must have shrimp
The time it takes is pepper with mint".
(Popular poem)

INGREDIENTS
- » 500 g peeled fresh shrimp
- » 10 ml lime juice
- » 5 cloves of minced garlic
- » 80 ml red palm oil
- » 1 small onion cut in half-moon
- » 2 small tomatoes cut in half-moons
- » 100 ml coconut milk
- » 1 tbsp chopped spring onion
- » 2 tbsp cilantro
- » 1 tsp salt

METHOD Season the shrimp with salt, lime juice and garlic. In a hot pan, add the red palm oil and sauté the onion and the tomato until tender. Then add the coconut milk until it boils. In another pan, sear the shrimp quickly. Add the sealed shrimp in the red palm oil and coconut milk and finish with lime and the chopped green onion and cilantro. Serve with rice.

PREPARATION TIME
30 to 40 minutes.

YIELD
10 servings.

MOQUECA DE FATO
TRIPE MOQUECA

INGREDIENTS
- » 500 g scalded beef tripe
- » 10 ml lime juice
- » 1 tbsp cilantro
- » 5 cloves of minced garlic
- » 1 onion cut in half-moon
- » 2 small tomatoes cut in half-moons
- » 70 ml coconut milk
- » 30 ml red palm oil
- » 1 tsp salt

METHOD Cut the scalded beef tripe into strips, wash it with some of the lime juice and set aside. Season with salt, lime, cilantro and garlic. In a deep pan, add the tomato and the onion to the mixture. Add the coconut milk and the red palm oil and cook until the meat is tender. Serve with rice, yellow *farofa*, *vatapá*, and *caruru*.

PREPARATION TIME
1 hour to 1 hour and 10 minutes.

YIELD
8 to 10 servings.

MOQUECA DE OVOS
EGG MOQUECA

INGREDIENTS
- » 50 ml red palm oil
- » 2 medium onions cut in half-moons
- » 1 clove of minced garlic
- » 4 tomatoes cut in half-moons
- » ½ bunch of cilantro
- » 1 lime
- » 1 ground chili pepper
- » 50 ml coconut milk
- » 100 g dried shrimp
- » 12 whole eggs
- » Salt to taste

METHOD In a pan, sauté the onion, garlic, tomato, cilantro, salt, lime juice, chili pepper, coconut milk and red palm oil. Add the shrimp and cook for 10 minutes. Add the eggs, one by one, to this sauté with the shrimp and cook for 5 minutes. Serve with rice, yellow *farofa*, *caruru* or *vatapá*.

PREPARATION TIME
20 to 30 minutes.

YIELD
10 servings.

MOQUECA DE PEIXE
FISH MOQUECA

INGREDIENTS
- 1 kg yellow hake or sea bass in slices
- 10 ml lime juice
- 5 cloves of garlic, minced
- 4 tomatoes cut in half-moons
- 2 large onions cut in half-moons
- 100 ml coconut milk
- 80 ml red palm oil
- ½ bunch of scallions
- ½ bunch of coriander
- 2 tsp salt

METHOD Wash the fish with part of the lime juice. Season it with salt, garlic and the remainder of the lime juice. Make a "bed" with half the tomato and the onion and add the fish on top. Finish with the rest of the onion and tomato over the fish. Then add coconut milk and red palm oil and cook for about 10 minutes until the fish is soft. Finish with scallions and coriander. Serve with rice, *caruru* or *vatapá*.

PREPARATION TIME
20 to 30 minutes.

YIELD
6 servings.

MOQUECA DE SIRI CATADO
CRAB MEAT MOQUECA

INGREDIENTS
- 500 g crab
- 2 cloves of garlic, minced
- 1 lime
- 2 big tomatoes cut in half-moon
- 1 large onion cut in half-moon
- 100 ml coconut milk
- 50 ml red palm oil
- 1/3 bunch of cilantro
- 1/3 bunch of chives
- ½ tsp salt

METHOD Dice the crab and season it with garlic, salt and lime. Mix with tomato and onion and set aside. In a deep pan, add coconut milk and red palm oil to the mixture and cook for 10 minutes. Finish with cilantro, chives and lime juice. Serve with rice, yellow *farofa*, *caruru*, or *vatapá*.

PREPARATION TIME
20 to 30 minutes.

YIELD
10 servings.

MOQUECA DE SURURU
CHARRU MUSSEL MOQUECA

INGREDIENTS
- 500 g charru mussels
- 1 lime
- 2 cloves of garlic, minced
- 2 large tomatoes cut in half-moons
- 1 large onion cut in half-moons
- 100 ml coconut milk
- 50 ml red palm oil
- 1/3 bunch of cilantro
- 1/3 bunch of chives
- ½ tsp salt

METHOD Wash the charru mussels with a part of the lime juice. Season it with garlic, salt and the remainder of the lime juice. Mix it with tomato and onion and set aside. Place the mixture in a deep pan, add coconut milk and red palm oil and cook for 20 minutes. Finish with cilantro and chives. Serve with rice, yellow *farofa*, *caruru* or *vatapá*.

PREPARATION TIME
30 to 40 minutes.

YIELD
10 servings.

PAÇOCA DE CARNE-SECA
BEEF JERKY HASH

The good, dry cassava flour, with its seductive smell, is an important ingredient to accompany meat, and can also be eaten with *rapadura*, *feijão-tropeiro*, and banana. *Paçoca de carne-seca* is another traditional travelers' dish in the backlands of Brazil.

INGREDIENTS
- 400 g beef jerky
- 60 ml oil
- 2 large ground onions
- 400 g cassava flour

METHOD Desalt the jerked beef, pass it through a food processor, and set it aside. In a very hot pan, add the oil and sauté the beef until golden brown. Soon after, add the onion and let it braise. Finally, add the cassava flour and toast it until the desired point. Serve with banana.

PREPARATION TIME
15 minutes.

YIELD
6 servings.

PEIXE AO LEITE DE COCO
FISH IN COCONUT MILK

INGREDIENTS
- 1,8 kg sea bass or yellow hake in slices
- 3 limes
- 1 bunch of cilantro
- 7 cloves of garlic, minced
- 4 medium onions cut into medium cubes
- 6 large tomatoes cut into medium-sized cubes
- 3 green bell peppers cut into medium cubes
- 500 ml coconut milk
- 3 tbsp tomato extract
- 20 ml olive oil
- ½ bunch of chives
- 1 tbsp salt

METHOD Clean and wash the fish fillets with lime. Season with salt, cilantro, lime and garlic. In a container, mix the fish, the coconut milk, the tomato extract, the olive oil, the onion, the tomato and the bell pepper. Let it rest for a few minutes and then cook for 10 minutes. Finish with the cilantro and chives. Serve with rice or boiled potatoes.

PREPARATION TIME
20 to 30 minutes.

YIELD
10 servings.

QUIABADA
OKRA STEW

INGREDIENTS
- 400 g jerked beef cut into medium cubes
- 300 g white bacon cut in medium cubes
- 400 g shoulder clod beef cut into medium cubes
- 5 cloves of minced garlic
- 2 large onions, chopped
- 2 green peppers, chopped
- 4 large tomatoes, chopped
- 50 g tomato extract
- 1/3 tsp black pepper
- 200 g calabresa sausage cut in medium cubes
- 400 g okra cut into rounds
- 80 g dried shrimp without head and tail
- ½ bunch of mint, chopped
- Salt to taste

METHOD Desalt the jerked beef. In a large pan, sauté the jerky with white bacon, the shoulder clod beef, garlic, onion, bell pepper, tomato and tomato extract. Add black pepper and enough water to cook the meats. When the meats are almost cooked, add the calabresa sausage, okra, dried shrimp and mint. Adjust the salt. Serve with white rice.

PREPARATION TIME
1 hour and 40 minutes to 2 hours.

YIELD
10 servings.

QUIBEBE

From the African Quimbondo word *kibebe*, a squash purée with dried beef. Variations can be made with cow's milk, dried shrimp, and other ingredients.

INGREDIENTS
- 400 g jerked beef cut into medium cubes
- 400 g bacon cut into medium cubes
- 400 g shoulder clod beef cut into medium cubes
- 5 cloves of minced garlic
- 2 medium onions, chopped
- 1 green bell pepper, chopped
- 4 chopped tomatoes
- 50 g tomato extract
- 1 tsp black pepper
- 200 g calabresa sausage cut into medium cubes
- 400 g kabocha squash cut into medium-sized cubes
- 1 tbsp chopped mint
- Salt to taste

METHOD Desalt the jerked beef and sauté in a large pan with bacon, the shoulder clod meat, garlic, onion, bell pepper, tomato and tomato extract. Add black pepper and enough water to cook the meat. When the meat is almost cooked, add the calabresa sausage, the kabocha squash and the mint. Adjust the salt. Serve with white rice.

PREPARATION TIME
1 hour and 40 minutes to 2 hours.

YIELD
15 to 20 servings.

RABADA
OXTAIL STEW

"From hake to oxtail, eat it fresh, not salted."

INGREDIENTS
- 1 kg cleaned oxtail
- ½ tsp black pepper
- 1 tsp salt
- 20 ml cooking oil
- 50 g bacon
- 4 cloves of minced garlic
- 1 large onion, chopped
- 1 medium green bell pepper, chopped
- 2 large tomatoes, chopped
- 100 g tomato extract
- 5 bay leaves
- ½ bunch of mint, chopped

METHOD Cut the oxtail at the joints and season it with salt and black pepper. In a deep pan, heat the oil and sauté the bacon, garlic, onion, bell pepper, tomato and tomato extract. Add bay leaf and water and cook for 2 hours, until the oxtail meat loosens from the bone. Finish with the mint. Serve with *pirão* and white rice (beans are optional).

PREPARATION TIME
2 hours and 20 minutes to 2 hours and 40 minutes.

YIELD
10 servings.

SARAPATEL

"In the name of Saint Luke, kill thy swine and cover thy kettles". (Portuguese proverb)

Sarrabulho, a dish of Portuguese cuisine, may be a predecessor of Bahia's sarapatel, due to the common ingredients of both dishes: tripe, offal, and pork blood. In the Portuguese delicacy, the recipe is seasoned with cloves.

The consumption of sarapatel is festive, and the dish can also be found at the stands of street markets in Bahia. Pepper, lime, and white cassava flour - the "flour of the Recôncavo" - are indispensable ingredients of sarapatel.

INGREDIENTS
- 500 g pork giblets
- 2 lime
- 10 ml cooking oil
- 2 cloves of minced garlic
- 1 large onion, chopped
- 1 chopped green bell pepper
- 2 large chopped tomatoes
- 10 g tomato extract
- ½ tsp black pepper
- ½ bunch of mint

- » 2 bay leaves
- » 160 ml pork blood
- » ½ tsp chopped peppercorns
- » 1 tsp salt

METHOD Wash the giblets with lime and set aside. Scald the giblets. Cut the giblets and set the blood aside. Heat a pan, add the oil and sauté the garlic, onion, bell pepper, tomato, the tomato extract and black pepper. Add the offal and the bay leaves, and cook with a little water for about 1 hour and 20 minutes. Add the blood, mint, salt and peppercorns. Serve with cassava flour.

PREPARATION TIME
1 hour and 40 minutes to 2 hours and 20 minutes.

YIELD
6 to 8 servings.

VATAPÁ

The traditional basis of vatapá is the use of day-old bread. Vatapá is one of the many recipes that make the most of the ingredients of Bahia's menu. Based on the Portuguese "*açôrda*", with the addition of red palm oil, shrimp, fish, ginger, and other ingredients, vatapá is one of the most emblematic dishes of Bahia's food identity. Fish, fresh and dried, especially cod, are part of this recipe, which can also be made with chicken, fresh or "green" meat (as opposed to dried meat), or pork.

INGREDIENTS
- » 500 g day-old bread
- » 200 ml coconut milk
- » 1 l fish stock
- » 200 ml red palm oil
- » 40 g dried whole shrimp (cleaned)
- » 3 large onions, grated
- » 200 g dried ground shrimp
- » 60 g roasted cashew nuts, peeled and ground
- » 60 g roasted peanuts, peeled and ground
- » 1 tbsp grated ginger
- » Salt to taste

METHOD Moisten the day-old bread with coconut milk and half of the fish broth. Process until it forms a cream. Set aside. Heat a pan and sauté the whole dried shrimp and the onion in red palm oil. Add the bread cream to the sauté. Drizzle with the fish broth until it is cooked and has a golden color. Add the ground shrimp, cashew nuts, peanuts, and ginger. Cook until it has a pasty consistency and is loosening from the pan. Adjust the salt and garnish with the whole dried shrimp. It is a great side dish to fish *moqueca* and chicken *xinxim*.

PREPARATION TIME
1 hour to 1 hour and 20 minutes.

YIELD
20 servings.

XINXIM DE BOFE
TRIPE XINXIM

INGREDIENTS
- » 500 g tripe, scalded and ground
- » 3 cloves of minced garlic
- » 1 large onion, grated
- » 50 g dried shrimp, ground
- » 20 g dried whole shrimp, peeled
- » 20 g ground cashew nuts
- » 50 ml coconut milk
- » 20 g peanuts, peeled and ground
- » 1/3 cup scallions
- » 1/3 cup cilantro
- » 50 ml red palm oil
- » 1 tsp salt

METHOD Sauté the garlic, onion, whole dried shrimp, cashew nuts and ground tripe in red palm oil. Add the coconut milk and stir until cooked (approximately 1 hour). Add the peanut, and cook for another 15 minutes. Finish with cilantro and scallions. Serve with cassava flour or white rice.

PREPARATION TIME
1 hour and 20 minutes to 1 hour and 40 minutes.

YIELD
10 servings.

XINXIM DE GALINHA
CHICKEN XINXIM

INGREDIENTS
- » 1 kg chicken
- » 1 tbsp grated ginger
- » 5 cloves of minced garlic
- » 100 ml red palm oil
- » 40 g dried shrimp, ground
- » 1 large onion, chopped
- » 40 g dried whole shrimp
- » 40 g roasted cashew nuts, peeled and ground
- » 40 g roasted peanuts, peeled and ground
- » 1/3 bunch of cilantro
- » 1/3 bunch of scallions
- » 1 tsp salt

METHOD Cut the chicken in pieces at the joints, wash with vinegar, season with salt, half the ginger and garlic. Set aside. Sauté the ground dried shrimp, the onion, and the chicken in red palm oil. Let it cook on low heat until it is soft. While cooking, add the whole dried shrimp, the cashew nuts, and the peanuts. Adjust the salt. Finish with the rest of the ginger, the cilantro and scallions. Serve with rice.

PREPARATION TIME
40 to 50 minutes.

YIELD
10 servings.

:: SWEET DISHES ::

BABA DE MOÇA
"DAMSEL'S DROOL"

Did you break the coconut?
I want a share
I'll take the milk,
You get the pulp.

Baba de moça (literally "Damsel's Drool") was the favorite syrupy dessert in the Second Period of the Portuguese Empire. It was a constant in the green glass confectioner's jars in Princess Isabel's Palace. It was everybody's favorite. The Emperor's grandchildren adored it. It was the dessert that

Princess Isabel used to make for her husband, the Count d'Eu, who to make for her husband, the Count d'Eu, who was known to crave it. It was always there on the most elegant dinner tables, artistically arranged in rows, whetting the appetite of members of Parliament and poets with Merovingian periwigs. It was the favorite dessert of José de Alencar.
Sophisticaded, light, aromatic, a must at the dinner tables of the rural aristocracy, it required great artists to make it, the noble women from the upper crust of old Brazilian society."
Câmara Cascudo in *História da Alimentação no Brasil*.

INGREDIENTS
- 250 ml filtered water
- 500 g refined sugar
- 15 egg yolks
- 250 ml coconut milk
- 1 tbsp vanilla essence

METHOD
In a pan, add the water and the sugar and heat until a thick syrup is obtained. In another pan, mix the yolks with the coconut milk and the vanilla essence. Pass the mixture through a sieve or chinois. Add the egg yolk mixture to the pan, mix and cook in a water bath until slightly thickened.

PREPARATION TIME
20 to 30 minutes.

YIELD
10 servings.

BOLINHO DE ESTUDANTE
"STUDENT'S DUMPLING"

INGREDIENTS
- 250 g granulated tapioca
- 150 g sugar
- 100 g grated coconut
- 300 ml water
- 200 ml coconut milk
- ½ tsp salt
- 1 liter of cooking oil for frying
- Cinnamon powder to taste

METHOD
In a bowl, mix the tapioca, 50 g of sugar and the other ingredients. Let it rest for approximately 30 minutes or until the tapioca is completely hydrated. Divide the dough into small portions and shape them into cookies. Preheat the oil, fry the cookies and then let them drain on paper towels. Serve the dumplings sprinkled with a mixture of the remaining sugar and cinnamon powder to taste.

PREPARATION TIME
40 to 60 minutes.

YIELD
20 servings.

BOLO DE AIPIM
CASSAVA CAKE

INGREDIENTS
- 1 kg cassava, peeled and grated
- 200 g granulated sugar
- 3 tbsp melted butter
- 3 tbsp grated coconut
- 1 egg yolk
- 500 ml coconut milk
- 1 tsp salt

METHOD
Preheat the oven to 200 °C. Put the cassava into a bowl and add 150 g of sugar, 300 ml of coconut milk, half the salt and the other ingredients, mixing well until it forms a cream. Take it to the oven in a buttered pan and bake for 50 minutes to 1 hour and 20 minutes. In a bowl, mix the rest of the coconut milk, sugar and salt. Drizzle the cake constantly with this mixture while baking.

PREPARATION TIME
1 hour to 1 hour and 30 minutes.

YIELD
15 to 20 servings.

BOLO DE CARIMÃ
FRESH CASSAVA FLOUR CAKE

"Our land is abundant
Of palm hearts, guarirobas,
Scented coroá, taiobas,
And cakes of *carimã*.

Marilia, these baked goods
Almost make people beg,
along the porridge with eggs,
Always made before noon."
[Joaquim José Lisboa, *Curious description of the main productions, rivers, and animals of Brazil, mainly of the Capitania of Minas Gerais (1804)*]

INGREDIENTS
- 500 g *carimã* (fresh cassava flour)
- 300 ml coconut milk
- 150 g sugar
- 1 egg yolk
- 3 tbsp shredded coconut
- 3 tbsp melted butter
- 300 ml filtered water
- ½ tsp salt

METHOD
Preheat the oven to 200 °C. Pass the *carimã* through a sieve and place it in a cloth bag. Wash in running water and squeeze out all the liquid. Mix the *carimã* in a bowl with 150 ml of coconut milk, 100 g of sugar, half the salt and the other ingredients until it forms a creamy paste. Bake in a buttered pan in the oven for 30 to 40 minutes. In another bowl, mix the remaining coconut milk, sugar and salt and drizzle over the cake at regular intervals while it is baking.

PREPARATION TIME
1 hour to 1 hour and 20 minutes.

YIELD
15 to 20 servings.

BOLO DE MILHO
CORN CAKE

"In the mortar where I grind corn, chicks don't peck the grains."

INGREDIENTS
- 4 eggs
- 150 g sugar
- 9 tbsp butter
- 200 g wheat flour

- » 150 g corn meal
- » 1 level tbsp baking powder
- » 400 ml coconut milk

METHOD Preheat the oven to 150 °C. Separate the egg whites from the yolks and whisk the whites until stiff. Set aside. Then take the sugar and the butter to a mixer until it forms a cream. Add the egg yolks and mix. Add the dry ingredients to the whipped cream and mix. Add the coconut milk and mix. Finally, add the stiff egg whites, mixing delicately so it doesn't lose the air inside them. Bake in a greased and floured baking pan for 30 to 40 minutes.

PREPARATION TIME

1 hour and 20 minutes to 1 hour and 30 minutes.

YIELD

15 to 20 servings.

BOLO DE TAPIOCA
TAPIOCA CAKE

INGREDIENTS
- » 4 whole eggs
- » 150 g sugar
- » 3 tbsp butter
- » 75 g granulated tapioca
- » 200 g wheat flour
- » 1 shallow tbsp baking powder
- » 400 ml coconut milk

METHOD Preheat the oven to 150 °C. Separate the egg whites from the yolks and whip them until they are fluffy. Set aside. Then, take the sugar and the butter to the mixer until it forms a cream. Add the egg yolks and mix. Add the dry ingredients to this cream and mix. Add the coconut milk and mix. Finally, add the egg whites, mixing gently so as not to lose the air incorporated into them. Bake in a greased and floured pan for 30 to 40 minutes.

PREPARATION TIME

1 hour and 20 minutes to 1 hour and 30 minutes.

YIELD

15 to 20 servings.

BOM-BOCADO DE AIPIM
CASSAVA CUPCAKES

INGREDIENTS
- » 250 g cassava paste (cooked with salt)
- » 100 g melted butter
- » 100 g sugar
- » 2 whole eggs
- » 150 g dried grated coconut
- » 50 g wheat flour
- » 1 tsp baking powder
- » Butter and bread crumbs for greasing and sprinkling

METHOD Preheat the oven to 150 °C. Sift the cassava mass through a coarse sieve or use a potato masher. Beat the butter with the sugar until it forms a cream. Separate the yolks from the whites and add one by one to the cream. Add the cassava mass, shredded coconut, flour and baking powder until it is smooth. Beat the egg whites until stiff and add to the cream, stirring delicately until it forms a paste-like consistency. Pour the mixture into buttered and floured molds. Bake in the oven for 25 to 35 minutes.

PREPARATION TIME

1 hour and 20 minutes to 1 hour and 30 minutes.

YIELD

10 servings.

CANJICA
COCONUT CORN MUSH

"From the lake, a *curimatã*[7]
(Say the sons of Candinha)
From the field, the meek cow
A fritter made at dawn
Of the birds, the macaw
For the man, a beautiful woman
For the ribbon, a bow
From the lovely girl, a kiss
From the farm, fresh cheese
From the sweetcorn, *canjica*."
(Matias Carneiro)

---

[7] *Curimatã* – highly prized Brazilian freshwater fish (*Prochilodus sp.*)

INGREDIENTS
- » 10 sweetcorn cob
- » 1 tsp cloves
- » 800 ml coconut milk
- » 3 tbsp butter
- » ½ tsp salt
- » 300 g sugar
- » Cinnamon powder to serve

METHOD Cut corn off cobs and grind tem. Sift the corn then add the other ingredients. Cook the mixture over moderate heat until it thickens. Serve sprinkled with cinnamon powder.

PREPARATION TIME

40 minutes to 1 hour.

YIELD

10 servings.

COCADA BRANCA
WHITE COCONUT SWEET

INGREDIENTS
- » 400 g dried coconut
- » 400 ml water
- » 400 g sugar
- » Cloves and sticks of cinnamon to taste

METHOD Peel, grate and set aside the dried coconut. In a pan, prepare a syrup with water and sugar over low heat. When the syrup boils, add the grated coconut, the clove and the cinnamon. Mix and cook until a thick syrup is obtained, being careful not to darken the coconut sweet. Let it cook for 15 minutes and serve cold.

PREPARATION TIME

40 minutes to 1 hour.

YIELD

10 to 12 servings.

COCADA DE AMÊNDOA DE CACAU
COCONUT SWEET WITH COCOA BEANS

Coconut sweet with cocoa beans is a traditional recipe from southern Bahia.

INGREDIENTS
- » 300 g cocoa beans (with shell)
- » 1 dried coconut, peeled and cut

- » ½ liter milk
- » 1 kg granulated sugar

METHOD Toast the cocoa beans in the oven or in the pan, being careful to not tost them too much. Peel them after colled. First grind them into small granulated pieces (cocoa nibs) and then to the point of flour. In a blender, add the peeled dried coconut and the milk and blend until smooth. Then add the cocoa bean flour and blend again. In a pan, add the cocoa cream with coconut and the sugar and keep stirring so as not to blister. Cook over low heat until the mixture is just like coconut fluff and starts to loosen from the pan, similar to *brigadeiro*. Pour the mixture into a buttered baking pan, spread it well with a spoon, and wait until it is warm enough to cut. Then, cut it into pieces and serve.

TIP for cutting the coconut sweet, do not let it cool completely, otherwise it will harden and become very difficult to cut. The *cocada* should be cut while still warm.

PREPARATION TIME
1 hour and 20 minutes to 2 hours and 20 minutes.

YIELD
May vary according to the size of the baking pan and the size of the cut pieces.

COCADA DE MAMÃO E COCO
COCONUT SWEET WITH GREEN PAPAYA

INGREDIENTS
- » 1 kg green papaya, peeled and grated
- » 200 g grated coconut
- » 600 g refined sugar
- » 1 liter of water
- » Clove and sticks of cinnamon to taste

METHOD Mix the green papaya and the grated coconut and set aside. In a pan, prepare a syrup of sugar and water over low heat. When the syrup boils, add the coconut and the grated green papaya, the clove and the cinnamon. Cook on low heat and stir constantly until the liquid reduces and it becomes creamy.

PREPARATION TIME
1 hour to 1 hour and 30 minutes.

YIELD
20 to 25 servings.

COCADA PRETA
DARK COCONUT SWEET

INGREDIENTS
- » 1.5 kg dried coconut
- » 1.5 liter of water
- » 1.5 kg sugar
- » 1 tbsp grated ginger
- » Cloves and cinnamon sticks to taste

METHOD Peel, grate and set aside the dried coconut. In a pan, prepare a syrup with 1 liter of water and sugar over low heat. When the syrup comes to a boil, keep stirring until the sugar reaches the point of being slightly burnt. Add 500 ml of the remaining water and cook until a thick syrup is obtained. Add the grated coconut, ginger, cloves, and cinnamon. Cook and stir constantly until the liquid reduces and becomes creamy. Serve cold.

PREPARATION TIME
1 hour to 1 hour and 30 minutes.

YIELD
30 servings.

CUSCUZ DE MILHO
CORN SWEET COUSCOUS

INGREDIENTS
- » 500 g corn flakes
- » 80 g sugar
- » 100 g grated coconut
- » 1 cup filtered water
- » Salt to taste

METHOD Mix the flakes, sugar, salt and the shredded coconut. Then, hydrate the mixture with water and let it rest for 20 minutes. Steam cook for 10 minutes. Use a couscous maker for cooking.

PREPARATION TIME
40 to 50 minutes.

YIELD
10 servings.

CUSCUZ DE TAPIOCA
TAPIOCA SWEET COUSCOUS

INGREDIENTS
- » 200 ml coconut milk
- » 300 ml filtered water
- » 50 g sugar
- » 1 tsp salt
- » 300 g tapioca
- » 50 g dried grated coconut

METHOD Put all the liquid ingredients into a bowl and mix with the sugar and salt. Add the dry ingredients and let it rest for approximately 30 minutes in a mold. A suggestion is to serve the couscous with coconut milk as a drizzle.

PREPARATION TIME
40 to 50 minutes.

YIELD
10 servings.

DOCE DE ABACAXI
PINEAPPLE CANDY

INGREDIENTS
- » 1 kg pineapple
- » 600 g sugar
- » 2 liters of water
- » Cloves and cinnamon sticks to taste

METHOD Peel the pineapple, remove the core and cut into cubes. In a pan, heat the sugar and the water to make the syrup. When the syrup boils, add the diced pineapple, the cloves and the cinnamon. Stir and cook until caramelized.

PREPARATION TIME
1 hour to 1 hour and 30 minutes.

YIELD
10 servings.

DOCE DE ABÓBORA
PUMPKIN JAM

INGREDIENTS
- » 1.2 kg pumpkin
- » 350 ml coconut milk
- » 450 g sugar
- » Clove and cinnamon sticks to taste

METHOD Peel the pumpkin, remove the seeds and the fibers and cut it into cubes. Place the pumpkin pieces in a pan and cover with water. Cook. After cooking, drain the water and pass the pumpkin through a fine sieve. In a blender, beat the sieved pulp and set aside. In a pan, add the pumpkin pulp, coconut milk, sugar, clove and cinnamon. Cook in low heat and stir constantly until the volume is reduced by half and the mixture becomes creamy.

PREPARATION TIME
1 hour to 1 hour and 30 minutes.

YIELD
10 servings.

DOCE DE BANANA EM PASTA
BANANA JAM PASTE

"Without banana and manioc flour
The neighbor lady and I go sour…"

INGREDIENTS
- 1 kg very ripe bananas
- 3 liters of water
- 700 g sugar
- Cloves and cinnamon sticks to taste

METHOD Peel the bananas, cut them into pieces and take it to a blender with 500 ml of water. In a pan, add the blended bananas, sugar, clove and cinnamon, take it to low heat and mix continuously. Gradually add the remaining water and continue stirring. Cook until it gets a burgundy color and the mixture loosens from the bottom of the pan.

PREPARATION TIME
1 hour to 1 hour and 30 minutes.

YIELD
25 to 30 servings.

DOCE DE BANANA EM RODELAS
SLICED BANANA SWEET

INGREDIENTS
- 1 kg ripe, firm bananas
- 750 g sugar
- 3 liters of water
- Clove and cinnamon stick to taste

METHOD Peel the bananas and cut it in slices, approximately 1 cm thick. In a pan, over low heat, prepare a syrup with the sugar and 2 liters of water. When the syrup is ready, add the bananas and cover the pan halfway. Stir carefully and gradually add the remaining water. With a cooking skimmer, remove the white foam that is forming. Add the clove and the cinnamon, and cook over low heat until it turns reddish. Stir delicately so it doesn't stick to the bottom of the pan. Serve the candy cold or slightly chilled.

PREPARATION TIME
1 hour and 30 minutes to 2 hours.

YIELD
15 to 20 servings.

DOCE DE LEITE
DULCE DE LECHE

INGREDIENTS
- 1 liter milk
- 10 ml lime juice
- 700 g refined sugar
- 1 liter water
- 10 whole eggs
- Clove and cinnamon sticks to taste

METHOD In a bowl, add the milk and 4 drops of lime juice. Set aside for about 1 hour until the milk has thickened. In a pan, prepare a thin syrup of sugar and water over low heat. In the mixer, bring 5 egg whites until stiff and add 10 egg yolks. (Reserve the remaining 5 egg whites for another recipe.) With the sugar syrup still on low heat, add the thickened milk, mixed eggs, clove and cinnamon. As it cooks, the curdled milk turns into chunks, carefully turn them over with the help of a cooking skimmer. Repeat the process until a deep yellow color is obtained. The final candy will have a texture of flakes or pieces of dulce de leche. Serve chilled.

PREPARATION TIME
1 hour to 1 hour and 30 minutes.

YIELD
10 servings.

DOCE DE TOMATE
TOMATO CANDY

INGREDIENTS
- 1 kg large tomatoes
- 1 kg sugar
- 2 liters of water
- Cloves and cinnamon sticks to taste

METHOD Peel the tomatoes, cut them into crosses and remove the seeds. Pass the skins and seeds of the tomatoes through a sieve and reserve the juice. In a pan, heat the sugar and the water to make a syrup. When the syrup is ready, add the chopped tomatoes, tomato juice, cloves, and cinnamon. As it cooks, remove the foam that forms with a skimmer. Cook over low heat until a pinkish color is obtained.

PREPARATION TIME
30 to 40 minutes.

YIELD
10 servings.

FATIAS DE PARIDA
PARIDA SLICES

INGREDIENTS
- 1 stale French baguette or 5 stale French rolls
- 200 ml coconut milk
- 20 g sugar
- 4 whole eggs
- 4 yolks
- 3 tbsp wheat flour
- 1 tsp baking powder
- ½ tsp salt
- 1 liter of oil for frying
- Sugar and cinnamon for sprinkling

METHOD Remove the crust of the bread (only the crumb will be used), cut it into thick slices and set aside. Make a mixture with coconut milk, half the salt and sugar and moisten each slice of bread well with this mixture. Separate the egg whites and beat them until they become fluffy. Gently add the egg yolks (8 in total), flour, the remaining salt and baking powder. Mix together. Roll the moistened slices in the beaten egg mixture and fry. Serve the slices sprinkled with sugar and cinnamon.

PREPARATION TIME
20 to 30 minutes.

YIELD
10 servings.

JACUBA
COFFEE WITH CASSAVA FLOUR

A kind of *pirão* or thick drink, almost with the consistency of a porridge – in the Bahian concept – to be served in a glass. It is usually consumed as a morning meal. Jacuba is for eating and drinking. Its base is cassava flour, but it can also be made with corn flour. *Gonguinho* or *tiquari* are other names for this food that still feeds a large part of Bahia's population.

INGREDIENTS
» 1½ tbsp roasted, ground coffee beans
» 100 to 150 ml hot filtered water
» 50 g cassava flour
» 1 tbsp sugar
» Use cloth strainer and strainer support

METHOD Brew the coffee through the cloth strainer and serve it in 180 ml glasses, with the cassava flour and the sugar aside. During consumption, one adds as much cassava flour and sugar as one likes to the coffee, forming a thick mixture.

PREPARATION TIME
10 minutes.

YIELD
1 cup (150 ml).

LELÊ DE MILHO
CORN LELÊ

Sister, grind the corn in the mortar
Grind it to make hominy
Grand it to make porridge
'Cause a hundred blacks wanna eat.
(Maracatu song)

INGREDIENTS
» 250 g yellow corn flour (*xerém*)
» 500 ml filtered water
» Clove and cinnamon to taste
» 1 tsp salt
» 100 g sugar
» 200 ml coconut milk
» 50 g dried grated coconut
» Shredded dried coconut to finish

METHOD Soak the *xerém* (corn flour) for approximately 1 hour to soften it. Drain it and cook it with filtered water, clove and cinnamon to taste and salt. After it's cooked, add the other ingredients to the mix over a low flame, stirring constantly until it comes loose from the bottom of the pan. Pour into a serving dish and sprinkle with grated coconut. After cooling, cut and serve.

PREPARATION TIME
1 hour and 20 minutes to 1 hour and 40 minutes.

YIELD
10 servings.

MÃE-BENTA

"'Mãe Benta' ('blessed mother') can also be made with tapioca, wheat flour, corn flour, and sprinkled with lime, cinamon or fennel. In Portugal they use rice flour, a variation that appears in Brazilian recipes from the 1930s." (Câmara Cascudo)

INGREDIENTS
» 6 whole eggs
» 100 g refined sugar
» 100 g butter
» 100 g dried grated coconut
» 100 g rice cream
» 1 tsp salt
» 2 tsp baking powder

METHOD Preheat the oven to 150 ºC. Separate the egg whites and whisk them until stiff. Set aside. In the mixer, whisk the sugar and the butter until it forms a cream. Add the yolks and mix. Add the shredded coconut, the rice cream, and the sifted salt and baking powder to the whipped cream and mix. Finally add the stiff egg whites, mixing delicately so as not to lose the air incorporated into them. Bake in a greased and floured baking pan for 20 to 30 minutes.

PREPARATION TIME
1 hour.

YIELD
10 servings.

MANJAR

"Pouring out my heart,
With hat in hand,
in Celas I stand.
A sweet dish of blancmange
I beg, at thy command."
(Nicolau Tolentino de Almeida)

INGREDIENTS
» 1 liter of milk
» 250 ml coconut milk
» 300 g refined sugar
» 170 g cornstarch
» 500 ml filtered water

METHOD In a pan, mix the milk, coconut milk and sugar and heat. Dilute the corn starch in water and add to the milk while it is boiling, stirring constantly until it thickens. Then pour into small molds previously wet with water. Refrigerate and keep it chilled until it is time to serve. Unmold and serve. If desired, it can be served with plum syrup.

PREPARATION TIME
20 to 30 minutes.

YIELD
20 servings.

MINGAU DE CARIMÃ
CARIMÃ PORRIDGE

Carimã is the fresh cassava flour (untoasted). Although many people confuses *carimã* with *puba*, historian and anthropologist Luís da Câmara Cascudo establishes the proper distinction: *carimã* is dry, untoasted paste of grated cassava, and *puba* is the paste of grated cassava afeter a certain state of fermentation.

INGREDIENTS
- 150 g *carimã*
- 100 g sugar
- 200 ml milk
- 400 ml coconut milk
- 500 ml filtered water
- 1 tsp salt
- Cinnamon powder to serve

METHOD Put all the ingredients in a pan, mix them well and take it to the stove, stirring until it is well cooked. A suggestion is to sprinkle cinnamon powder when serving.

PREPARATION TIME
20 to 30 minutes.

YIELD
10 servings.

MINGAU DE MILHO-VERDE
GREEN CORN PORRIDGE

INGREDIENTS
- 4 large sweet corn cobs
- 1 liter of filtered water
- 400 ml coconut milk
- 30 g sugar
- 3 tbsp butter
- 1 tsp salt
- Clove and cinnamon sticks to taste
- Cinnamon powder to serve

METHOD Peel and thresh the corn. In a blender, blend the kernels with water. Sift the corn and pour into a pan. Add the other ingredients and cook, stirring constantly until it reaches a porridge consistency. If desired, sprinkle cinnamon powder to serv.

PREPARATION TIME
30 to 40 minutes.

YIELD
10 servings.

MINGAU DE TAPIOCA
TAPIOCA PORRIDGE

"The rich man in his bed
The poor man is his cot
The rich man with his breakfast
The poor man with his porridge".
(Popular trove)

"Saint Francis, my father, who can bless me?
Saint Francis, my father, who wants me around?
Saint Francis, my father, please bless me now".
(Tapioca porridge street vendors' cry)

INGREDIENTS
- 100 g tapioca
- 1 liter of filtered water
- 400 ml coconut milk
- 300 ml cow's milk
- 50 g sugar
- 1 tsp salt
- Clove and cinnamon sticks to taste
- Cinnamon powder to serve

METHOD Soak the tapioca in a pan with water for 10 minutes. Then, add the other ingredients and cook, stirring constantly with a spoon. If desired, sprinkle cinnamon powder when serving.

PREPARATION TIME
20 to 30 minutes.

YIELD
10 servings.

MUNGUNZÁ

"The month of June without corn
What joy can it bring?"

INGREDIENTS
- 250 g white corn
- 1 liter (¼ gallon) of water
- 1 tbsp salt
- 100 g sugar
- 500 ml coconut milk
- Clove and cinnamon sticks to taste

METHOD Let the white corn soak for 3 hours. Cook the corn with salt in a pressure cooker until it is soft. Drain the cooking water, add the other ingredients and cook until it thickens. Taste to adjust the sugar and salt.

PREPARATION TIME
40 minutes, not counting soaking corn.

YIELD
10 servings.

MUNGUNZÁ-DE-CORTAR
HARDENED MUNGUNZÁ

INGREDIENTS
- 250 g white corn
- 1 liter of water
- 1 tbsp salt
- 100 g sugar
- 500 ml coconut milk
- Clove and cinnamon sticks to taste

METHOD Soak the white corn for 3 hours. Then, cook the white corn with salt in a pressure cooker until it is soft. Drain half of the cooking water. Mix half of the cooked corn in a blender. In a saucepan over low heat, add the corn paste and the other half of the cooked corn kernels. Add the remainder ingredients and cook. Stir constantly over moderate heat until all the liquid is dry and the mixture is very pasty, creamy and dense. Place in a baking pan. When cooled, cut and serve chilled.

PREPARATION TIME
40 minutes (except soaking time)

YIELD
10 servings.

PÉ DE MOLEQUE

INGREDIENTS
- 1 kg *carimã*
- 250 g sugar
- 300 ml coconut milk
- 100 g shredded coconut
- 1 cup of water
- 2 tbsp melted butter
- 2 shallow tsp salt
- 3 large banana leaves, cut up

METHOD Put all the ingredients in a bowl and mix until it forms a cream. Wrap small portions in the banana leaves. Place the wraps on a baking sheet and take it to the oven at 150°C (the banana leaf opening should face downwards) for about 20 minutes. Serve after baking.

PREPARATION TIME
40 to 50 minutes.

YIELD
10 to 15 servings.

QUINDIM DE IAIÁ
YAYA'S QUINDIM

INGREDIENTS
- 400 g dried coconut
- 15 whole eggs
- 15 egg yolks
- 500 g refined sugar
- 3 tbsp butter
- 2 tsp vanilla essence
- 2 tbsp corn glucose
- Sugar and butter to grease the molds

METHOD Peel, grate and set aside the dried coconut. Preheat oven to 130 °C. Pass whole eggs and yolks through a fine sieve. In a bowl, add all the ingredients, mixing them well with a fouet, preferably. Mix until the dough is homogeneous. Grease the molds (of about 5 cm round) with butter and sprinkle with sugar. Fill the molds with the dough. Place the molds on a baking sheet and take it to the oven. Before closing, carefully add boiling water to the baking pan and bake in a water bath for 25 to 35 minutes.

PREPARATION TIME
1 hour to 1 hour and 20 minutes.

YIELD
12 servings.

:: BEVERAGES ::

AFURÁ

There are many beverages considered nutritious in the gastronomic imaginary. This is the case of *afurá*, a drink made from white *acaçá*, which is a white corn-based food. To make *afurá*, the *acaçá* is diluted in water and sweetened with rapadura (or brown sugar, or honey). This is an artisanal drink from the Afro-Bahian tradition.

INGREDIENTS
- 1 acaçá (100 g)
- 100 ml honey
- 200 ml water

METHOD Put all the ingredients in a blender and blend for about 1 minute. Pass the liquid through a sieve and serve at room temperature.

PREPARATION TIME
5 minutes.

YIELD
300 ml.

ALUÁ

This drink is usually homemade, and it is also served at Cosmas' *caruru*. Traditionally, it is a refreshment made from corn, pineapple, or bread, to which is added rapadura, ginger, and water. The artisanal technique to make the *aluá* is fermentation: the ingredients are placed usually in a clay pot, where they remain for a few days. The *aluá* has a strong tropical taste, therefore it is well suited for hot days.

INGREDIENTS
- 2 ripe pineapples
- 2 liters of filtered or mineral water
- 400 g rapadura or brown sugar
- 1 cup grated ginger

METHOD Wash the pineapple and peel it so that the peels remain thick, containing part of the pulp of the fruit. Place the pineapple peel in an earthenware pot, cover with water, put on a lid and let it brew for three days at room temperature. On the third day, add the rapadura or brown sugar, cover the pot and set aside. On the fourth day, add the grated ginger, cover and let it brew for one more day. On the fifth day, strain the drink and, if necessary, adjust the flavor with brown sugar. After this process, transfer the drink to a plastic bottle with a lid and store it in the fridge for a maximum of 30 days to be consumed.

PREPARATION TIME
5 days.

YIELD
2 liters.

NOTE In some places, cloves and cinnamon sticks are added to the recipe.

Este livro foi composto com as fontes Freight e Neutra e
impresso sobre os papéis couché fosco 150 g/m² e pólen bold 90 g/m².